一瞬で良い変化を起こす

カウンセリングの“小さな工夫”ベスト50

すべての教師とスクールカウンセラーのために

半田一郎 著

ほんの森出版

はじめに

私は、スクールカウンセラーとして、一九九五年から五〇校以上の学校で活動してきました。その中で、さまざまな子どもたちにかかわって支援してきました。

スクールカウンセラーは、週に一日程度学校で活動することが通常ですが、学校は毎日、多くの大人と子どもがかかわり合う生活の場です。それを意識すると、学校という場の中では、スクールカウンセラーはきわめて小さな存在だと痛感させられます。小さな存在ではありますが、子どもたちをサポートするためにできることを考えて、「小さな工夫」を重ねてきました。

前著『一瞬で良い変化を起こす　10秒・30秒・3分カウンセリング―すべての教師とスクールカウンセラーのために』（ほんの森出版）では、「ごく短い時間でできる」小さな工夫を提供しました。10秒、30秒、3分という短い時間だからこそできる支援があると考えています。そして本書では、時間の制限から自由になって（とは言っても小さな工夫ですので、基本的にその瞬間瞬間にできるようなものばかりです）、選りすぐりの五〇の工夫を集めてみました。

スクールカウンセラーの方にはもちろん、学校の先生方や、子どもたちにかかわるすべての方に参考にしていただける内容になっていると思います。シリーズ本として、前著と一緒にお読みいただけますと幸いです。

こういった経緯がある本書は、いわば「わが家の手間なし簡単おかずレシピ！　ベスト50」というような本です。理論や技法の教科書ではなく、毎日の（学校）生活の中でちょっと役立つ工夫を紹介しています。つまり、「煮物は本来、こんなふうにつくるものですよ」というレシピではなく、「こうやってつくると、（それなりに）おいしい煮物が簡単にできますよ」という提案です。

「こんなやり方があったんだ」「こんなふうにやってみたい」といった感想を持っていただけたら大変ありがたいです。もちろん、「わが家のおかずのほうがもっと手間なしで、おいしいと思うなぁ」という感想を持っていただくのも大変うれしいですし、その手間なしレシピを教えていただけたら、もっとうれしいです。

料理は、本来、レストランのものではなく、家庭のものだと思います。たまには、レストランで食べる料理もおいしいのですが、毎日の家で食べる食事が成長と健康を支えています。子どもへの支援も同じだと思います。専門機関のカウンセリングも子どもに役立つのですが、子どもの生活の場である学校の中で行われている支援やカウンセリングこそ、子どもの成長と健康を支えているのです。

なお、本書の事例はすべて、直接的・間接的にかかわりのあった事例から創作したものです。かかわり方の工夫について理解していただけるように、各事例の特徴をわかりやすく表現しております。本書の焦点は、個別の事例に言及するものではなく、かかわり方の工夫にあります。

この「わが家の手間なしレシピ」がお役に立って、皆さまのレシピが磨かれたり、レパートリーが増えたりすると、この上なくうれしいです。

二〇一九年三月

半田　一郎

一瞬で良い変化を起こす
カウンセリングの“小さな工夫”ベスト50
も・く・じ

一瞬で良い変化を起こす
カウンセリングの“小さな工夫”ベスト50
も・く・じ

こらむ

表紙イラスト：半田彩笑

第1章

アセスメント編

子どもを支援していくときに、支援の方法のみを考えていても、的確な支援は行えません。その子どもをどう理解するのかというアセスメントを適切に行うことが必要になってきます。

学校生活を通して子どもを支援していくためには、学校心理学の枠組みが役立ちます。学校心理学では、子どものアセスメントは「心理教育的アセスメント」と呼ばれ、「子どもの問題状況についての情報を収集し、分析して、援助介入に関する意思決定を行う資料を提供するプロセスである」（石隈、一九九九）と定義されています。そして、アセスメントの方法としては、子どもおよび関係者との面接、心理検査、行動観察、記録書類の検討の四種類が挙げられます。アセスメントという言葉からは、心理検査を連想する場合が多いかもしれませんが、アセスメントの方法は心理検査だけではないのです。心理検査はアセスメントのための非常に強力なツールですが、一つのツールにすぎません。四種類の方法を組み合わせながら、子どものアセスメントを適切に行うことが求められます。

ところで、学校は、子どもたちの生活の場です。授業中の様子、先生や友達とかかわっている様子、生活場面での様子などを直接的に観察することができます。これらを観察して得られた情報は、アセスメントのための非常に有用な情報となります。子どもの学習の成果（ノートや作品、テスト結果など）も、アセスメントのための有用な情報です。また、保護者や担任の先生方などからも、子どもについての情報を得られやすいと思います。そうしたものも、状況に応じて、心理検査や面接での聞き取りとあわせてアセスメントに活用していくことが求められます。

学校は、多くの人がかかわり合いながら過ごす生活の場です。子どもへの指導や支援も、基本的には生活の中において行われます。同様に、アセスメントも毎日の学校生活を進めていく中で行うことが求められます。よっぽどの事情がない限り、学校生活よりもアセスメントを優先させてそれに集中するということは行いにくいのです。つまり、学校生活そのもの、そして指導や支援と同時並行的にアセスメントを行っていくのが基本になると言えます。そして、さらなる必要性がある場合に、個別式の知能検査などのアセスメントが行われます。

こういった学校の特徴を活かして、学校現場に合ったアセスメントを工夫することが重要です。

小さな工夫 1 行動観察を効果的に行う三つのポイント

教室にいる子どもの様子を観察することも、アセスメントの方法としては有効です。その際、子どもの行動観察を効果的に行うための、三つのポイントをご紹介します。

一つ目は、観察対象の子どもだけではなく、多くの子どもの様子を観察することです。ある子どもだけに目を向けていると、その子ども自身に気づかれてしまいます。子どもは警戒し、いつもの自然な行動ではなくなる可能性があります。そうすると、観察によって得られた情報をどのように意味づけていくのかが難しくなってしまいます。

また、多くの子どもを観察することによって、その教室での子どもたちの行動パターンを知ることができます。それぞれのクラスには、それぞれの文化や習慣があります。対象の子どもだけを見ている場合には、それがその子どもの特徴なのか、そのクラスの子どもに多く見られる特徴なのかを区別することができません。多くの子どもを観察しつつ、その子どもを観察することによって、その子どもの特徴を知ることができるのです。

二つ目のポイントは、どの刺激によって反応や行動が生じたのかを、細かく時系列で観察することです。例えば、先生が指示をしてすぐにノートを書き始めた場合と、指示があってから他の子どもの様子を見て、それに反応してノートを書き始めた場合とでは、その子どもの行動の〝きっかけ〟が異なります。後者の場合は、先生の言葉による指示が入りにくいとの予測につながります。時系列で、周囲の状況との関連の中で行動を細かく観察することが重要です。

さらに、教室ではメモをしないことが三つ目のポイントです。記録されていると子どもが気づくと、それを意識した行動が生じます。メモした内容を見ようとする子もいます。その行為を注意する必要も生じます。見せないようにするとかえって見ようとする場合もあり、子どもとの関係が悪循環に陥ってしまいます。他の子どもたちの注意集中も妨げるなど、授業の邪魔になってしまうこともあります。こういったことから、教室ではメモをとらないことをおすすめします。

小さな工夫 2

作品からのアセスメント

教室では、子どもを直接観察できるだけではなく、子どもの作品や展示物などからも情報を集めることができます。それらは、子どもをアセスメントするときの重要な情報となります。

例えば、各学期のはじめに立てる目標があります。教室内の壁に貼ってあることが多いと思いますが、そこに対象の子どもがどんな目標を書いているのかなども、アセスメントの重要な材料になります。対象の子どもが「忘れ物をしない」という目標を書いていたとします。忘れ物をしないことは重要なことで、目標としては意味がありますが、残念ながら具体性が乏しい書き方です。その子どもは、なんとなく問題意識は持っていても、行動に移すことがなかなかできないのではないかと想像されます。一方、「夜に学校の準備をして忘れ物をしない」などと、忘れ物をしないための具体的な行動まで書かれている場合もあります。その場合には、しっかりと考えて行動することができるのではないかと想像ができます。「余計な一言を言わない」などと書かれている目標を見ると、親や担任からいつも言われていることを目標に書いたのだろうという想像ができます。しかし、「余計な一言」という内容を本人がしっかりと理解しているのだろうかという疑問がわきます。担任が指導を繰り返しても本人の行動の変化にはあまりつながっていないのではないかとも想像されます。

こんなふうに、子どもが書いた学期の目標から得られた情報を通して、子どものアセスメントを行うことができます。

行事などのあとに書いた振り返りの作文や感想文も、アセスメントの重要な材料となります。作文を見る場合には、書いてあるエピソードだけではなく、表現の特徴を理解することが重要です。状況の説明ばかりではなく自分の気持ちが表現されているか、他者が登場するか、自分や他者に対する表現が肯定・否定のどちらかに偏っていないか、などが主なポイントになります。子どもがどのようなことを考えていて、どのような思考パターンを持っているのかを理解する手がかりとなります。

作文や感想文の内容だけではなく、文字の書き方も非常に重要です。几帳面さやエネルギーの度合いなどが推測できます。最初のほうと最後のほうの文字の形の乱れ具合を比較してみることも重要です。ほとんど文字が乱れずに書かれている場合には、統制が強すぎるのではないかと感じます。

また、〝何が書かれていないのか〟についても、注意深く見ていく必要があります。書かれていておかしくない内容が書かれていない場合には、そこにその子どもの認知の特性や心理的な葛藤が現れているのかもしれません。

美術や図工の作品からのアセスメントには、バウムテストなどの各種描画法の解釈方法が役に立ちます。ただし、作品の解釈は注意深く行い、断定することを避けることが重要です。作品はさまざまな設定や条件のもとで制作されています。作品制作の際に、他の子どもの作品を参考にしたり、担当の教員の指導を受けたりすることも十分考えられます。作品の特徴がその子どもの特徴によるものか、作品制作の条件や設定によるものかを、完成した作品から見極めることは難しいと言わざるを得ません。そういったことを踏まえつつ、作品に表れている特徴をアセスメントに活用していくためには、対象の子どもの作品だけを見るのではなく、できる限り多くの子どもの作品を見ることが求められます。それによって、多くの子どもの作品に見られる特徴（いわば平凡反応）を発見することもできます。その子どもの特徴によるものなのか、作品制作の条件や設定によるものなのかを区別しやすくなります。

また、作品などの子どもの学習の成果物には、具体的な指示や指導のもと、大人の手が入っている場合もあります。そういった場合には、その子どもをアセスメントするための情報とはなりません。子ども自身が作成したものかどうかを確認することも必要です。

以上のように、アセスメントは仮説の提案ですが、作品によるアセスメントの場合には、仮説であることをより強く意識することが求められます。

注　バウムテストとは、「実のなる木を一本描いてください」という教示による描画検査です。解釈方法は非常に複雑で奥の深いものもありますが、学校での作品の分析には向きません。全体的な印象を評定する解釈が、学校では役立ちます。例えば、エネルギーの高‐低、コントロールの良‐不良、豊かさの豊富‐貧困という三つの要素による全体把握（青木、一九八四）が有用だと感じます。また、その他の描画による投影法検査も数多く実践されており学校でも有用です（橋本、二〇〇九）。

小さな工夫３

写真を眺めてみる

毎日のように学校で子どもとかかわっていると、支援の方向性に迷ったり、支援に行き詰まったりしてしまうこともあります。そういったときには、子ども理解を見直してみることをおすすめします。新たな見方ができるようになるだけで、かかわり方がこれまでと変化してくるからです。

子ども理解を見直すための一番簡単な方法は、子どもの写真を見るという方法です。写真というと、学年の最初に顔写真を撮って一覧のようにまとめられているものを思い浮かべる方が多いかもしれません。もちろん、その写真も眺めてみることは大切です。しかし、学校にはそれ以外にも子どもの写真がたくさんあると思います。

例えば、大きな行事ごとにクラスの集合写真を撮影しているのではないかと思います。係や委員会、クラブや部活動のメンバーを紹介する集合写真もあると思います。また、学校のホームページで授業の様子を紹介するために撮影した写真もあるかもしれません。きっと、デジカメやパソコンにたくさんの写真が保存されていることと思います。ぜひ、理解を見直してみようと考えている子どもの写真をいろいろと見つけ出して、あらためて眺めてみてください。

ごく自然なことなのですが、先生方は、学習活動を運営したり、子どもを支援・指導していたりするため、その瞬間瞬間の子どもの様子を十分に観察することができません。あらためて写真を眺めてみることを通して、子どもの様子の観察を補うことができます。

子どもの写真を見るときには、いくつかのポイントがあります。

一つ目のポイントは「子どもの表情」です。緊張した表情なのか笑顔なのかという点は大切ですが、もっと詳しく見ていくことが必要です。

笑顔にも、いろいろな笑顔があるからです。例えば、表情が緩んで自然な笑顔になっている写真を見ると、リラックスできているのだろうと想像されて、こちらも安心できます。反面、一見笑顔に見えても、口元だけで笑っていて、目のあたりに緊張が感じられる場合があります。あるいは、満面の笑みのように見えても、つくり笑顔の場合があります。こういった場合には、学校の中で人との付き合いに苦労しながらも頑張っているのではないかと想像されます。また、他の子どもの写真と比べて、笑顔が大きすぎると感じる場合もあります。何らかの緊張が生じていて、それをごまかそうとしているのかもしれません。

写真の視線と、見ているこちらの視線が合うかどうかも大切な点です。写真撮影のときにカメラのレンズを見ていれば、写真の視線とこちらの視線が合います。カメラのレンズを見ていないときには、こちらと視線が合いません。視線がズレている場合は、何らかの対人緊張があるのではないかと想像されます。

二つ目のポイントは「手をどうしているか」です。集合写真などでは、ピースサインをしている子どもも多いと思いますが、そのピースサインの出し方もいろいろです。顔の近くにピースサインを出して笑顔で写っている写真からは、しっかりと自己主張できている様子がうかがわれます。反対に、ピースサインを胸のあたりで出している写真からは、遠慮がちで自己主張にためらいがある様子がうかがわれます。ピースサインが顔や体の中心から離れるほど、その特徴が強いのではないかと想像されます。また、手を体の後ろに隠して写っている場合は、人とのかかわりに消極的なのではないかと想像されます。

三つ目のポイントは「集団との位置関係」です。集合写真で、集団の中心付近で写っている場合は、積極性や自己主張の強さが感じられます。集団の端や少し離れた位置で写っている場合は、集団から距離を置いていたり、自己主張できないでいるのではないかと想像されます。

四つ目のポイントは「同じ子どもの複数の写真を見比べてみること」です。例えば、いつもほとんど同じ表情で写真に写っている子どもがいます。学校生活にはさまざまな場面があり、その場面場面で、子どもの体験もさまざまなはずです。つまり、場面場面で、心の動きは異なっているはずです。笑顔になるような同じ楽しい気分であっても、それぞれの場面で感情は同じではなく、表情も微妙に違っていて当然です。ところが、どの場面でも同じ表情で写真に写っているということは、心が固まっていて自由に動けない状態ではないかと想像されます。

以上のようなことを、写真を少しだけ見て決めつけてしまうのは危険です。たくさんの写真を見て、同じ特徴が何度も出てきている場合に、上記のような理解を一つの仮説として持つようにすることが大切です。

小さな工夫 4

動作を真似る

支援が行き詰まったり、その子どもの理解が難しかったりするときに、その子どもの動作を真似てみることが一つの手立てとなる場合があります。

A子は中学校三年生で、進路のことで悩んでいます。「勉強したくないし、高校へ行く意味がわからない」と訴えてきています。「何で勉強しないといけないんですか?」「どうして高校へ行かないといけないんですか?」と、私に不満げに質問をしてきます。そのたびに、「自分ではどんなふうに思うの?」などとA子の意見を尋ねてみたりしますが、具体的な意見を語ることはありません。「とにかくイヤなんだね」などと気持ちに焦点を当てるように試みても、なかなかそこからも話が深まっていくことはありませんでした。数学が特にイヤだとか、英語は日本人だから本当は必要ないなどと繰り返し話してきます。

そんなやりとりをしばらく続けたあと、椅子の上に足を持ち上げて、両手で膝を抱えて黙ってしまいました。話しだそうとしないので、私は座席を離れて壁際のソファーに移動し、A子と同じようにソファーに足を上げて膝を抱えて座ってみました。すると自然と、「あーあ、疲れちゃったなぁ」という言葉が湧いてきました。それを、A子の様子を見ながら、「あーあ、疲れちゃうねえ」と静かに伝えてみると、A子は、そのままの体勢で小さく「うん」と声を発しながら静かにうなずきました。不満を少し攻撃的にぶつけている様子からはなかなかわからなかったのですが、疲れがたまっていたのだろうと感じられました。

こんなふうに、面接中であっても、子どもの動作を真似てみて、自分自身の中にどんな気分が生じるのかを感じ取ってみると、子ども理解に役立つことがあります。また、面接が終わったあとでも、印象的な動作や行動を思い出して真似をしてみると、何らかの気づきが得られるきっかけとなることがあります。その場合、子どもの座っていた位置に移動するなどして、よりリアルに感じられるように工夫することも効果的です。

当然のことですが、これは面接中のことだけではありません。廊下や授業中の子どもの動作や行動を、子どもがいないときにその場所で再現してみて、子どもの心の動きを追体験してみるのもおすすめの方法です。教師や大人という立場からは感じにくかった子どもの心の動きを、感じ取りやすくなることがあります。

また、習字の運筆を真似てみることも、一つの応用です。壁に貼ってある習字の作品を見ながら、運筆を想像して実際に手を動かしてみるのです。特に筆の入り方と終筆に注目しながら真似をしてみます。課題や物事に取り組むときのスタイルや傾向を感じ取ることができるように思います。

小さな工夫5 名前について質問する

学校現場では、初対面の子どもとかかわりをつくって支援していくこともよくあります。まったくの初対面でなくても、話をするのが初めてという場合もあります。授業では何度もかかわりを持っているけれども、面接などのあらたまった設定でかかわるのは初めてという場合もあります。

このような、「今まであまりかかわりがなかった」ことをアセスメントに活用することができます。それは、初めての出会いとして、相手に名前を教えてもらうということです。

第3章の「小さな工夫17：名前をほめる」で詳しく解説しますが、まず、子どもの名前と、どのような漢字（ひらがなの場合もありますが）が使われているのかを説明してもらうやりとりです。このやりとりには、言葉でやりとりをするウォーミングアップの側面がありますが、それだけではない、非常に大きな意味合いがあります。

一つは、子どもとこちらとの関係をアセスメントするという意味があります。

子どもがカウンセリングで話すことを求められているのは、自分自身の気持ちや考えなのですが、自分の名前の漢字を説明することよりもはるかに難しくて複雑な側面があります。上手に話せなかったり、話すことに抵抗が生じるのも自然なことです。その背景にはさまざまな要因が考えられます。例えば、そもそも自分の気持ちや考えがわかっていない場合があります。それらがわかっていても、うまく言葉にできない場合もあります。言葉にできる場合でも、その内容を話したくないのかもしれません。あるいは、話したくないわけではなく、別の人になら話すけれども、今目の前にいる大人には話したくない場合もあります。

一方、自分の名前にどんな漢字が使われているのかを質問されると、子どもはその質問の正解を知っているので、気持ちや考えを説明するよりもずっと単純で答えやすいのです。自分の名前の漢字を説明するときの様子を把握しておけば、カウンセリングで自分の気持ちや考えを話すときの様子と比較することができます。その比較を通して、子どもが話すことにどのように困難や抵抗を感じているのかを理解する一助になります。

もう一つの意味合いは、漢字を上手に説明できるかどうかは、言語的な力をアセスメントすることにつながるということです。

また、言葉での説明を粘り強く続けるかどうかは、その子どもの行動パターンのアセスメントにつながります。説明の途中であきらめてしまう子どももいます。まったく言葉で説明しようとせずに、すぐに書いて説明しようとする子どももいます。それぞれのとりがちな行動傾向が現れているととらえられ、アセスメントの重要な材料になります。

最初に名前を説明してもらうというやりとりは、このようなさまざまな意味合いが込められた初回ならではの小さな工夫なのです。

小さな工夫 6 「○○さんっていう人は、どんな感じの人？」

初対面の場合には、名前を教えてもらったあとに、「○○（その子どもの名前）さんっていう人は、どんな感じの人ですか？」などと、自己紹介を求めることを、私はアセスメントの手順としています。

答えるのが難しい質問なので、小学校の低学年には聞かないことが多いですが、高学年以上の子どもにはほとんどの場合、この質問を行います。

「○○さんは」と聞かずに、「○○さんっていう人は」という聞き方をするのは、自分を第三者的に離れて見て、どのようにとらえているのかを聞こうとするねらいがあります。なかなか答えられない場合には、「例えば、まじめな人ですとか、面白い人ですとか、元気な人ですとか、おとなしい人ですとか、いろいろあるでしょ。どんな人なのかなぁ」などと具体的な答え方の例を挙げて、答えを求めます。

子どもの答え方は、おおむね三種類に分かれます。具体例を挙げてもまったく答えられない場合と、具体例を挙げる前に「○○な人です」と答えられる場合、そして「友達からは、○○な人だって言われます」と答える場合です。

この答え方を通して、自分自身を客観的に見る力がどの程度育っているのかを理解することができます。また、人とのかかわりの中での自分自身の存在がどのように意識されているのかを感じ取ることもできます。「友達からは、○○な人だって言われます」などと答える場合には、他者の目を意識しながら自己主張ができるととらえることができます。

子どもの年齢に応じて、アセスメントを行うための重要な情報となります。

小さな工夫７　知らない場面での行動を予測する

アセスメントを行うときに私が心がけているのは、私が知らない場面での子どもの行動を予測することです。

例えば、ある子どもについて担任の先生とのコンサルテーションを行うことになったという場合を考えてみます。担任の先生と話し合う前に、子どもの顔写真、学期の目標に書かれている内容、行事の振り返りや感想文などの内容から、その子どもの特徴や教室での行動、担任の先生との関係について、仮のアセスメントとして予測します。そして、担任の先生とのコンサルテーションの最初に、根拠（集めた情報）を伝えつつ、仮のアセスメントを伝えます。仮のアセスメントが実際と異なっていたときには、担任の先生に修正してもらうように付け加えます。

もし、実際とあまり異なっていない場合には、さらなる情報を得て、アセスメントの確かさを確認できたと考えられます。それをもとに支援を組み立てていくことに焦点が移ります。仮のアセスメントが実際と異なっている場合には、さらなる情報を得て、アセスメントをより厚みや深みのあるものにしていくことが求められます。

こんなふうに、得られた範囲の情報で仮のアセスメントを組み立ててみることは、その子どものアセスメントをより的確にしていくことにつながります。

また、集められた情報から子ども理解へつなげていくというアセスメントのプロセス自体を担任の先生に伝えることも、一つのねらいです。アセスメントの結果だけではなく、とらえ方や考え方を先生方に理解してもらうことも、今後の支援に活きてくるように思います。

なお、限られた情報から仮のアセスメントを行ってみることは、支援者個人の感受性や気づきの力を高めることにもつながります。子どもをアセスメントする自分自身の力を磨いていくことにつながると考えています。さまざまな面から良い効果があるのです。

小さな工夫 8 「笑顔からの切り替わりの速さ」を観察する

ケース会議などで、子どもの様子について情報を共有するのは重要なことです。そういった場面でよく耳にするのが、「いつも笑っていて楽しそうにしているのを見かけます」という報告です。教室で子どもが笑顔でいると、学校が楽しいのだろうと判断して、支援する側も安心するのかもしれません。しかし、笑顔には、注意が必要です。

実は、「笑っている」という状態には、大きく分けて二つの場合が考えられます。心から笑っている場合と、表面的に笑顔をつくっている場合です。例えば、教室にいるのがつらい子どもたちは、一生懸命に他の子どもに合わせてつくり笑いをしながら人間関係を乗り切ろうとすることも多いように思います。もし、こんなふうにつくり笑いをしながら無理を重ねている子どもの様子を見て、友達関係を楽しんでいるととらえてしまうと、子どもを適切にサポートすることができません。つまり、本当の笑顔とつくり笑いを見分けることは、子どもをアセスメントする際の大きな分かれ目になると考えられます。

しかし、本当の笑顔とつくり笑いの笑顔を、表情そのものから見分けることは難しいと思われます。子どもはじっとしているわけではありませんし、その子どもの表情をじっと見つめることは不自然なので、ちょっと見ただけではなかなかわかりません。

見分けるポイントは、笑顔が持続するかどうかです。本当に心が動いて感情が生じると、その感情はしばらく持続します。余韻が残るのです。休み時間に友達とのおしゃべりを楽しんで笑顔になっている子どもは、その直後に一人で自分の作業を始めるときにも笑顔が残っています。楽しい気分になる刺激が消えてしまっても、しばらくは楽しい気分が残っているのです。しかし、つくり笑いで人間関係を乗り切っている子どもは、楽しい気分になる（はずの）刺激が消えてしまうと、表情から笑顔もすうっと消えてしまいます。笑顔からの切り替わりが速いのです。

笑顔からの切り替わりが速い子どもは、心から楽しんでいない可能性があるため、様子を見守りつつ適切なサポートを行うことが大切になります。

小さな工夫 9

「波のように変化する」ととらえる

子どもに限らず、大人でも、心身の状態には波があります。状態が良くなったり、悪くなったりという小さな変化を繰り返しながら、子どもは成長していきます。

子どもの状態が悪化していると感じる場合、このままどんどん悪い方向へ向かうのではないかと不安を感じてしまうことがあると思います。しかし、大きな流れの中で見ていくと、波の下り坂の中にいるだけだとわかることもあります。波の下り坂の一つにいるだけだと気づくと、いつかは底を打って、また状態が回復してくると予想できると思います。つまり、状態が悪くなることを不安がる必要はありません。波のように変化するのですから、良い状態があっても、必ず悪い状態もやってくるのです。そして、また、良い状態がやってくるのです。

状態が悪化していると感じる場合、以前の波の底の状態と比較してみることをおすすめします。以前の底のときと比べて、状態が良くなっていれば、全体として少しずつ良い方向へ向かっていると理解することができます。

なお、波の頂上の部分がさらに良くなっていくことはあまり重要ではないと感じます。波の振れ幅が大きくなると、その子どもも周囲も、変化に振り回されて疲れてしまいます。波はなくなりませんが、底の部分が良くなってくることが重要です。

小さな工夫10　小さな良い変化が「いくつかの場面で見られる」ことに注目

子どもの状態を理解するときに、特定の行動や状態に注目して理解していくことは、一つの方法として非常に重要です。ある子どもがなかなか登校できない状態になっているときに、その子どもの登校という行動がどう変化しているのか、登校時間に注目してその変化を見ていくことは意味のあることです。しかし、登校時間さえ早くなれば問題は解決するのかというと、そうではありません。子どもの学校生活全体が良い方向へ向かっていることの一つとして、登校時間も早まってくることが重要なのです。登校時間は一つの指標にすぎないということです。

そういう意味で、いろいろな場面での行動や状態に小さな良い変化が見られることが、子どもが良い方向へ変化し成長していることの重要な根拠になります。

例えば、提出物の名前を丁寧に書くようになった、休み時間の行動のバリエーションが増えた、給食を食べる量が増えたなどは、状態が良い方向に変化しているという指標の一つと言えます。こういった小さな良い変化がいろいろな場面で生じている場合、子どもが全体的に良い方向に変化していると考えられます。反対に、特定の場面だけで良い変化が生じている場合には、単に無理を重ねているだけで、遅かれ早かれ状態が逆戻りしてしまうと予測されます。

「小さな工夫9：『波のように変化する』ととらえる」で書いたように、状態が逆戻りすることそのものは、悪いことではありません。しかし、子どもにとって、自分が無理を重ねていたことに気づいてもらえなかったという体験は、大人への不信感につながり、努力しようという気持ちを低下させるでしょう。わかりやすい指標一つに頼るのではなく、全体として子どもをよく見ていくことが重要です。また、子どもの成長を支えるチームとして多くの職員がさまざまな場面での子どもの様子を共有していくことの意味も大きいと言えます。

ところで、子どもの状態を理解するときに、生理的な指標はきわめて重要です。食欲はわかりやすい生理的指標の一つです。見落とされがちですが、トイレを利用するかどうかも、重要な指標です。学校にいる間中まったくトイレを利用しない子どももいます。排泄は自然な生理現象です。学校にいる間に排泄をしていないということは、何らかの問題に直面しているという重要な指標だと言えます。

小さな工夫 11

「全体的な状態」を理解する

子どもについてのアセスメントのプロセスでは、さまざまな情報が集められてきます。ただ集めるだけではなく、それらを統合して理解する必要があります。

アセスメントの結果から子どもを理解する際に最も重要なことは、「全体的な状態」を理解することです。例えば、不登校の子どもの場合について考えてみます。学校へ登校する日数が増えたけれど、なんとなく元気がなくなってきたという場合は、全体に状態が悪くなっているととらえるべきです。反対に、元気になってきたけれども、学校への登校日数が減ったという場合は、全体的に状態が良くなってきたととらえてもよいと思います。

小さな指標に一喜一憂することなく、全体的な状態をとらえて子どもの変化を見ていくことが大切です。

小さな工夫 12

「子ども理解の枠組み」を通して理解する

さまざまな情報を羅列的にではなく「全体的な状態」として子どもをアセスメントしていくた

めには、情報を整理して理解することが重要です。ここでは、問題行動や症状に関する情報を二つの視点から、四つの領域に分けて整理することを提案します。

精神分析の考え方の中に「アクティングアウト」や「アクティングイン」という概念があります。これをもとに学校現場で活用できるように単純化した整理方法です。学校は毎日のさまざまな場面で多くの人々がかかわり合うため、きわめて複雑な状況です。学校現場で子どもを支援する場合には、精緻な考察よりも、シンプルでわかりやすいとらえ方が役立つのではないかと考えています。

一つの視点は、得られた情報を「反応・行動」と「言語」に区別します。例えば、子どもが他人を殴るということは、「反応・行動」に分類します。子どもが「あいつを殴ってやる」などと支援者に言ってくることは、「言語」に分類します。この分類には、社会的な意味と、子どもの発達的な意味の、二つの意味が重なっています。

社会的な意味というのは、例えば、他人を殴ることは、子どもであっても社会的に許されないことです。場合によっては犯罪行為としてとらえられます。しかし、「殴ってやる」と話すことは必ずしも犯罪ではありませんし、社会的にもある程度許容されます。「反応・行動」と「言語」とでは、まったく社会的な意味合いが異なってくるのです。問題行動や症状が「言語」としてとらえられる場合は、「反応・行動」としてとらえられる場合よりも、子どもの状態は良いと考えられます。

また、発達的にも「反応・行動」と「言語」は、それぞれ異なった発達の状況と対応してとらえられます。「反応・行動」は乳幼児期から見られますが、「言語」は児童期以降から発展してき

表　「子ども理解の枠組み」を通して、問題行動や症状を４つの領域に整理

	反応・行動	言語
関係の中へ	部屋から出てこない こちらへ暴力を向ける 教室をうろうろする 教室でふざける 自傷行為の傷跡を見せる	学校へ行きたくないと言う むかつく、つまんないなどと言う 自分の傷ついた気持ちについて語る
関係の外へ	関係ない人に暴力をふるう 物に当たる 固まる、逃げ出す 教室から出ていく 隠れて自傷行為をする	ＳＮＳに気持ちを書く

ます。つまり、「反応・行動」は相対的に低い発達として、「言語」は相対的に高い発達としてとらえることができます。

二つ目の視点は、その「反応・行動」「言語」が、支援する関係の中へ向かっているのか、関係の外へ向かっているのかという視点です。支援者に向かって自分の気持ちを語ったり、支援者に暴言を吐いたりすることは「関係の中へ」と分類され、ＳＮＳで自分の気持ちを語ったり、物に当たったりすることは「関係の外へ」と分類されます。

支援する関係に向かっているかどうかという視点は、子どもの状態そのものを理解する視点ではありません。関係の中で相互作用がうまく働いているのかどうかを判断する視点です。「関係の中へ」ととらえられる場合には、支援する関係の中で相互作用が生じており、今の関係の中で子どもに影響を与えることができると考えられます。「関係の外へ」ととらえられる場合には、支援する関係の中で相互作用がうまく働いておらず、今の関係の中で子どもに影響を与えることが難しいと考えられます。

この二つの視点を組み合わせると、情報は上の表のような四つの領域に分類されます。

そもそもカウンセリングは、自分自身の気持ちや考えについてカウンセラーに語るという作業を通して、自分自身の心の回復や成長を目指すものです。表では「関係の中へ」向かって「言語」で表出されるという表の右上の領域に該当します。ここの領域では、言葉を通してやりとりをして子どもの成長を目指していくことができるのです。

子どものアセスメントを通して得られた情報をこの四つの領域に分類して整理した場合、情報がどの領域に分類されるのかによって、支援の大まかな目標を設定することができます。「関係の外へ」向かって「反応・行動」「言語」として表出されている（表の左下と右下の領域）という情報が多い場合には、支援する関係の構築が十分にできていないととらえられます。まずは、支援する関係を構築することが重要になります。「関係の中へ」向かって「反応・行動」として表出されている（表の左上の領域）という情報が多い場合には、支援する関係が構築されていくプロセスの途上にあるととらえられます。言葉を通して一緒に話し合い考えていく関係を構築できるようにかかわっていくことが望まれます。「関係の中へ」向かって「言葉」で表出されている（表の右上の領域）という情報が多い場合には、支援する関係がうまく機能しているととらえられます。この関係の中で一緒に話し合い考えていくことを通して子どもの成長を支援していくことができるととらえられます。

こらむ 1

『となりのトトロ』から考える子どものアセスメント

アニメーション映画『となりのトトロ』の主人公のサツキは、まじめでしっかり者の小学校四年生の女の子です。同じクラスには、やんちゃで意地悪なカンタという男の子がいます。ある日、下校時に雨が降り始めて、子どもたちは傘をさして帰っていきます。サツキは傘を持っておらず、急いで帰っていましたが、本降りになってしまったので、お地蔵さんのお堂で雨宿りをしていました。ちょうどそこに、傘をさしたカンタが通りかかります。カンタは、少し迷ったようですが、「ん！」と言ってサツキに自分のさしていた傘をつきだして、半ば無理やりにサツキに傘を貸してくれました。そして、自分は傘をささないで、雨の中を走って行ってしまったのです。サツキに意地悪を言っていたカンタがつっけんどんに傘を貸す様子が大変微笑ましく感じられるシーンです。

でも、なぜカンタは傘を持っていて、サツキは傘を持っていなかったのでしょうか？　カンタは、いわゆるやんちゃ坊主という雰囲気です。朝学校に行くときに、今日の天気を気にして傘を持っていくようなタイプには見えません。しかも、この日の朝は晴天でした。それにもかかわらず、なぜかカンタは傘を持っていたのです。なぜなのでしょう？　理由はきわめて単純です。母親がカンタに傘を持っていかせたのでしょう。でもなぜか、サツキは傘を持って登校せず、下校するときに、傘がなくて困った状況に陥ってしまいます。しっかり者のサツキが傘を持っていないのは少し不思議ですが、それはあとで考えていきます。

ところで、カンタとサツキの置かれている状況は、見事な対比で描かれています。実は、カンタが持っている傘は、穴だらけのボロボロの傘です。そのため、傘をさしたところで、雨でずぶ濡れになってしまうように思われます。一方、サツキはこの場面では傘は持ってきていないのですが、家にはきちんとした、子ども用の赤い傘があります（このあとのシーンで出てきます）。

ここで、先ほどの疑問をもう一度考えてみてください。サツキはちゃんとした傘があるのに、このシーンではなぜ傘を持っていなかったのでしょうか？　カンタと正反対ですが、理由はやはり簡単です。サツキには、傘を持って登校するように言ってくれる人が誰もいなかったのです。サツキの母親は、病気で入院しています。父親も、遠くの仕事場まで朝早くに出かけてしまうのです。きちんとした物（子ども用の傘）はあっても、サツキを気遣ってくれる大人のサポートが身近になかったのです。一方、カンタには、ボロ傘しかありませんが、気遣って持っていくように言ってくれる母親が身近にいたのです。

ちょっとアセスメントをしてみましょう。サツキは、まじめでしっかり者で、自分でさまざまなことをきちんとこなしていくことができます。しかし、家族がサツキをサポートできる状況にありません。むしろサツキが家族をサポートしています。一方、カンタは、やんちャで乱暴な面もありますが、人に対して優しさを示すことができるという良い一面がありま す。また、家族からしっかりとサポートを受けています。

こんなふうに、ちょっとした生活場面の様子をもとに子どもをアセスメントすることができるのです。表面的にはサツキはまじめでしっかり者ですから、学校のサポートを必要としていないように見えます。しかし、少し詳しく様子を見ていくと、サツキにはサポートが必要だということがわかります（このことについては、「こらむ８」で、また触れます）。

余談ですが、サツキとカンタの対比は、サポートの本質を明確に示してくれます。完璧な物が用意されていることがサポートの本質ではないのです。ボロ傘であっても持っていくように言ってくれる母親の気持ちがサポートなのです。つまり、サポート自体は不完全ではあっても、相手のニーズに気づき、それをサポートしようという人間の意図が、サポートの本質なのです。

こらむ ２
三段階の援助ニーズ

子どもの成長を学校現場で支援していくとき、学校心理学の枠組みが役に立ちます。学校

図１　心理教育的援助サービスの３段階

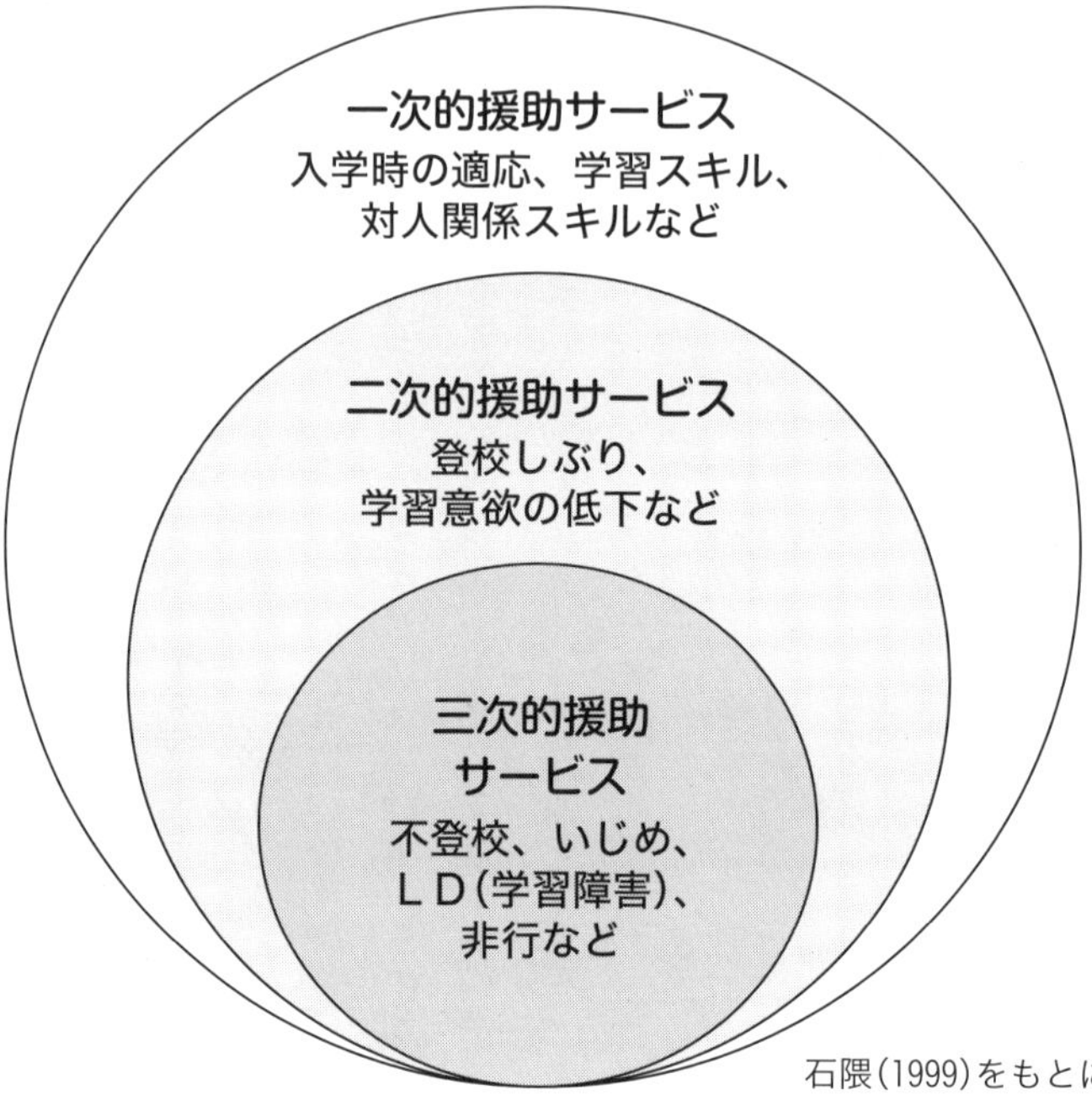

石隈(1999)をもとに作成

心理学は、「学校教育において一人ひとりの児童生徒が学習面、心理・社会面、進路面、健康面における課題への取り組みの過程で出会う問題状況の解決を援助し、成長することを促進する心理教育的援助サービスの理論と実践を支える学問体系」（石隈、一九九九）と定義されます。そして、心理教育的援助サービスを三段階でとらえます（図一）。

　一次的援助サービスは、すべての子どもが持つと思われる基礎的な援助ニーズや多くの子どもが共通に持つと思われる援助ニーズに応える援助サービスです。例えば、入学時の適応や学習スキル、対人関係スキルなど

図2　子どもの持つ多様なニーズ

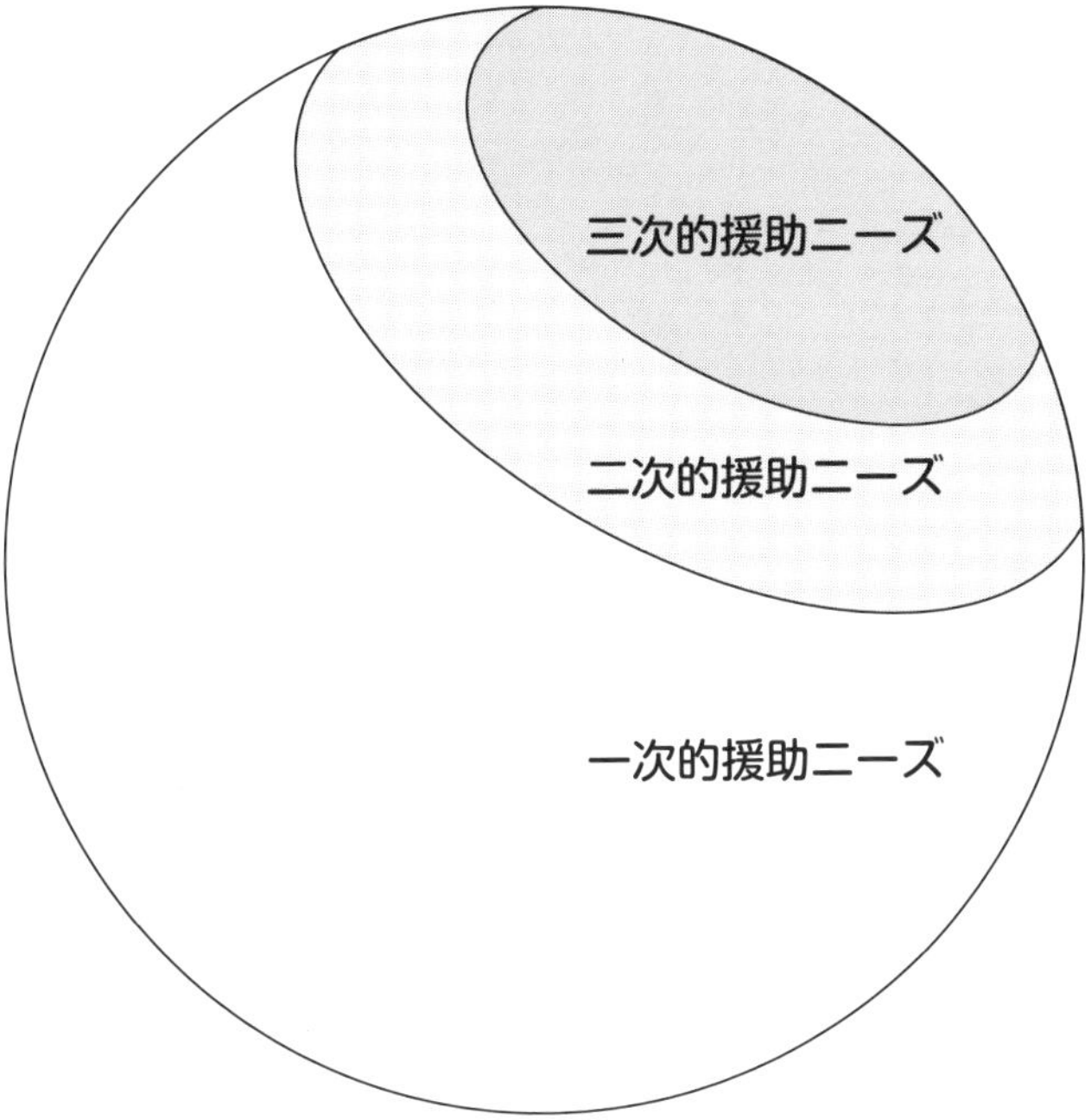

への援助サービスです。二次的援助サービスは、学習面、心理・社会面、進路面、健康面に困難を持ち始めた一部の子どもの持つ援助ニーズに応える援助サービスです。例えば、登校しぶり、学習意欲の低下などへの援助サービスです。三次的援助サービスは、さまざまな問題状況によって、特別な援助が個別に必要とされる特定の子どもの持つ援助ニーズに応える援助サービスです。例えば、不登校、いじめ、LD（学習障害）、非行などへの援助サービスです。

以上のように、学校心理学では心理教育的援助サービスを援助ニーズの大きさにより三段階に分類しています。

　ここで、一人の子どもに注目すると、子どもは一人一人多様なニーズを持っています。例えば、一人一人の子どもの援助ニーズを一つの球体としてとらえてみます（図2）。子ども一人一人は多様な存在ですから、実際は、球体そのものの大きさや、各ニーズの割合は子どもによってまちまちのはずですが、一次的援助ニーズは必ず持っています。広さはいろいろですが、二次的・三次的援助ニーズを持っている可能性もあります。

　ここで大切なことは、三次的援助ニーズを持つ子どもも、必ず、一次的・二次的援助ニーズを持っているということです。三次的援助ニーズに注目しがちですが、一次的援助ニーズ、二次的援助ニーズに応じた支援も提供していかなくてはなりません。

　この球体を、左下から眺めてみたとします。すると、一次的援助ニーズしかないように見えるはずです。しかし、見る角度を変えて、右上の奥のほうから見てみると、三次的援助ニーズが大きく見えるはずです。つまり、視点を変えると、そのニーズを発見することができるのです。

　チームで多くの人がかかわり合いながら子どもを多面的に理解し、一人の子どものさまざまなニーズに応えていくことが重要なのです。

第2章

生活場面編

子どもたちは、毎日、朝八時過ぎから夕方四時くらいまでの八時間近くを学校で過ごします。子どもたちにとって学校はまさに生活の場です。その中でのさまざまなかかわりが、子どもの成長を支えているのです。つまり、子どもを支援する立場としては、カウンセリングの場面だけではなく、学校生活の中でカウンセリングの理論や技法を活用していくことが重要なのです。また、学校生活の場面では、子どもたちと自然な流れの中でかかわりを持つことができます。あらたまった場面設定をすることなく、その場にいるだけで、子どもにかかわっていくことができます。ところで、カウンセリング場面は閉じた場面ですが、日常の生活場面は開かれた場面です。子どもと自分という関係だけではなく、さまざまな要因がかかわってきます。そのため、カウンセリングの理論や技法を活用していくためには、独特の工夫が必要になってきます。そういった工夫について紹介していきます。

小さな工夫 13

廊下での小さな働きかけを通して相互作用をつくっていく

廊下や教室などの場面で、こちらに反応させることが重要だと感じます。

例えば、授業中に教室から抜け出して、廊下をうろうろと歩いている子どもに出会ったとします。子どもがこちらに気づいて、サッと逃げてしまったり、パッと隠れてしまったときには、慌てて追いかけるようなかかわりは、おすすめしません。こちらが子どもに反応させられてしまっているからです。子どもの行動にこちらはどんどん振り回されて、後手後手に回ってしまいます。いつの間にか、子どもと追いかけっこをしているようになってしまいがちです。子どもにとって追いかけっこは、自分を追いかけてもらっているという安心感のもと、大人との駆け引きを楽しむというきわめて意味のあるやりとりです。それに付き合ってあげることも、本来は、大変意味のあることです。しかし、学校で授業を抜け出した子どもと追いかけっこをすることは、学校の文化としてはかなり受け入れがたいものです。子どもをこちら側に反応させて、こちらが安心できる場面設定の中で子どもとかかわり合って相互作用を保つことが、意味のある支援につながっていくと考えられます。例えば、こんな展開が生じたら理想的です。

中学校で授業時間に、校舎の階段を上がって角を曲がると、先のほうを二年生のＢ子が一人で歩いていました。足音に気づいたのか、こちらを一瞬だけ振り返って、やや足早に歩き始めました。Ｂ子は廊下の少し先にある階段へ曲がったのか、こちらからは見えなくなってしまいました。Ｂ子を追いかけようか少し迷いましたが、階段を降りれば、すぐに保健室や職員室なので、他の職員の目にとまる可能性もあると考え、追いかけずにＢ子が戻ってくるのを待つことにしました。

廊下の壁に貼ってある掲示物を眺めているようなふりをしながら、しばらくその場に立っていると、Ｂ子が姿を現しました。こちらへ近づきながら、「何してんの？」と声をかけてきました。こちらは驚いた表情だけで応えて、また壁の掲示物に視線を移しました。Ｂ子は「何か書いてあるの？」とこちらに聞きながら、さらに近づいてきました。

こんなふうに展開すれば、B子とのかかわりはすでに言葉でのやりとりになっています。このあとは、どうして授業中に一人で廊下を歩いていたのかなどについて、B子から話を聞くことができそうです。

もしB子を追いかけていたとしても、つかまえるのはかなり難しいでしょう。手をつかんだりすると、不適切な指導と受け取られかねません。また、B子が逃げるのをやめたとしても、反発する気分が強まって、こちらの質問や投げかけにはあまり反応がないかもしれません。追いかけるか待ってみるか迷うところですが、待ってみるのも十分に意味のある選択肢なのです。子どもがこちらの行動に反応することを通して、意味のある相互作用につながっていくと考えられます。

小さな工夫14

教室での小さな働きかけを通して相互作用をつくっていく

教室で子どもとかかわる場面でも、こちらに反応させることが効果的です。

小学校三年生のA男は、授業中に席を離れて、教室内を歩き回ってしまうことがよくあります。担任の先生が「A男くん、席に着いてください」などと声をかけても、まったく聞こえていないような様子で行動に変化がありません。やや声を大きめにして「席に着きなさい」と強く指示すると、反発するのか「んー！」などと大声を出しますが、席に着こうとはしません。つかまえようと近づくと、慌てて逃げ出して教室から出ていってしまうこともあります。

担任の先生の言葉による指示には、反応しないというパターンができてしまっているのかもしれません。強く指示した場合も、拒否的な反応が生じて、先生の指示には従わないというパターンに陥っています。

私は、教室でこういった状況にある子どもにかかわるときがあります。担任の先生が授業をしている教室へ入ると、A男が歩き回っています。このとき、A男に座席に着くような働きかけをいきなりするのはおすすめできません。小さな働きかけを通して、こちらとの相互作用をつくっておくのです。例えば、A男からこちらが見える位置で、担任の先生の説明に大きくうなずいたりして、A男の反応を見ます。A男が、先生や黒板をちらっと見るようならば、こちらに反応していると考えられます。また、意図的に鼻をすすったりして、その音に反応するかどうか確かめます。こちらをちらっと見てくるのであれば、少し反応しているので、その流れを維持するため表情で応えます。A男のほうから何か言葉をかけてきたときは、かなり大きく反応します。大きくうなずいたりして、こちらも応えます。

そういった相互作用が少し続いたときが、一つのチャンスです。A男が自分の座席に近づいたときに、A男に見えるタイミングで、A男の座席の椅子を座りやすいように引いてあげます。さらに、手を差し出して、座るように求めるしぐさをしてもよいかもしれません。こんなふうにすると、意外とすんなりと、子どもは自分の座席に座るものです。

小さな工夫15

実況中継をする

　学校の廊下や教室で子どもとかかわっていると、子どものさまざまな行動に出会います。危険な行動にもよく出会います。危険な行動を見かけた場合、大人が厳しく働きかけてやめさせることが多いと思います。しかし、大人がやめさせた場合は、大人のいない場面で危険な行動を行う可能性があります。大人がいない場面でも、子どもが自分で判断して行動をコントロールできるように子どもの力を引き出すことが求められます。

　子どもは、失敗をしながら学び成長していくものです。危険な行動も、子どもの成長にとっては意味があります。一方、学校運営においては、子どもの事故を防ぐことはきわめて重要です。この両者は、表面的には両立しませんが、子どものそばに大人がいて、可能な限り手を出さずに見守ることができたら、子どもは、安全に失敗をすることができるかもしれません。

　小学校三年生のB男は、悪ふざけをすることが多く、人にけがをさせたり自分もけがをしてしまうことが何度もあります。そのたびに注意されるのですが、危険な行為はなかなか減りません。休み時間の終わりごろに、昇降口の方向にB男を見かけたので、私は近づいていきました。B男は下駄箱に足をかけて、登ろうとしているようにも見えました。しかし、B男は下駄箱の下から三段目の棚に足をかけて、片手を離して体をひねり、体をゆすって足を曲げ伸ばしして、タイミングをとるような様子に見えます。

私には、Ｂ男が何をしようとしているのか測りかねましたが、それほど危険でもなさそうなので様子を見つつ、「三段目に左足をかけてるんだ」と声をかけてみました。Ｂ男は、「あっちに飛び移るから見てて」と言い、並んで設置されている反対側の下駄箱に飛び移るつもりのようです。

そして、そのままジャンプしましたが、反対側の下駄箱にはまったく届かずに床に着地しました。「なんだよー」と自分に文句を言うように声を出して、もう一度、もとの下駄箱に登り始めました。今度は、さらに上に登ろうとしています。私が「四段目だね」と声をかけると、Ｂ男は「今度は上のほうからジャンプしてみる」との反応です。危険性が感じられるため、「さっきよりもだいぶ高いね」と返しましたが、「高いほうが遠くまで行けるよ」とのことです。さらに「ちょっと危険？」と軽く投げかけてみましたが、反応はなく、タイミングをとるような動作を始めました。今度は「危険だね」と穏やかに断言してみると、「そうでもないよ」との反応です。でも、そう言いながら降りてきます。そして、さっきと同じ三段目からジャンプして床に着地し、走ってどこかへ行ってしまいました。

このような場面では、すぐに注意してやめさせようとすることが多いと思われます。しかし、やめるようにいきなり働きかけると、子どもとの駆け引きのようになり、子どもの行動をエスカレートさせてしまう可能性があります。子どもの行動のコントロールが難しくなり、安全性が損なわれてしまいます。また、行動のエスカレートに対応してやめるように厳しく働きかけることや、そういった事態を予測して最初から厳しく働きかけることも、必ずしも効果的ではありません。子どもは厳しく働きかけられるまで自分の行動をコントロールしようとしない、というパターンが生じがちです。

子どもが安全に失敗できるようにサポートするためには、子どもを見守りつつ、かかわりを継続することが重要です。そして、子どもが自分で行動を変えるチャンスをつくることが大切だと思います。そのためには、子どもの行動を実況中継するように言葉をかけることが一つの方法です。駆け引きを行わず、できるだけ事実を中立的に伝え、子どもの判断の材料にしてもらうのです。ここで紹介した工夫は、『一瞬で良い変化を起こす　10秒・30秒・3分カウンセリング』（半田、二〇一七）で紹介した「廊下でのいじめの疑いへの対応」と共通すると考えられます。

大人が可能な限り中立的にかかわる中で子どもが自分の行動をコントロールした場合には、大人のいない場面でも自分の行動をコントロールできる力につながっていると言えます。

小さな工夫16　気分に合わせて、こちらから言語化する

自分の気持ちや考えをなかなか表現しない子どもにかかわることも多いと思います。意見や感想が聞けないため、支援の方向性にも迷います。

Ｃ男は中学校二年生で、一年生の一学期から不登校です。二年生になっても教室へは入っておらず、一日二～三時間程度の別室登校を続けています。なかなか安定的に学校へ通ってくることができず、月曜日や金曜日には休みがちです。学校では、養護教諭が中心にかかわっていて、好きなゲームの話は自分から話してきますが、マイペースで一方的で、かみ合うようなやりとりにはなりません。一方、行事等へ誘うと「来られたら来ます」などと返事をしますが、休むことがほとんどです。そういった登校状況から、負担感や不安を感じていることが多いと思われますが、自分から疲れを訴えたりすることはありません。

養護教諭としては、もう少し、Ｃ男が自分から負担感を訴えたり、気持ちを話したりできるようになってほしいと考えて、本人の様子に合わせて「疲れちゃうよね」などと働きかけています。しかし残念ながら、Ｃ男から返ってくるのは「大丈夫です」などという反応が多く、自分から疲れを表現することはありません。

どんなふうに支援してよいのか、大変迷うところです。行動を促そうとしても、良い反応につながらないため、プレッシャーのようになってしまって逆効果も心配されます。また、内面に働きかけられることに不快感があるのかもしれません。その場合、働きかけを続けると、Ｃ男から避けられるようになる危険性もあります。今の流れのまま、ゲームの話を続けていくことは悪くないのですが、もう少し気持ちや考えが表現されるようになってほしいと感じます。

Ｃ男が自分自身の気持ちや考えを表現することを促すためには、直接的な問いかけよりも、間接的な働きかけが効果的だと考えられます。例えば、C男の置かれている状況からその気分を想像して、それを、支援者が自分の内面として表現してみるという方法もあります。

C男が休みがちな金曜日の前日、「あー、今日は木曜日かぁ。金曜日だったらよかったな。休みまであとたった一日だけど、その一日がつらいよなぁ」などと、自分のこととして負担感を表現してみるのです。当然ですが、C男に聞こえるように言うことが大切です。ただし、同意を求めたりせず、自分のことを独り言として話します。C男にとっては、内面に働きかけられたわけではないので、拒絶反応もほとんど生じません。自分自身の気分や感覚と近い内容が言葉として表現されているため、C男がこちらに親近感を持ったり、興味を持ったりする可能性は高いと考えられます。

もし、「そうなんですか?」などと、こちらへの反応が出てきた場合には、「なんか、木曜日くらいが一番つらいよね。金曜日になると、あと一日って思えば頑張れるけど」などと応えつつ、「C男はそういうところないの?」と投げかけてみることができます。

こちら主導でC男の内面に働きかける場合は、負担感などのリスクがありますが、C男の言葉に応えての投げかけとなるため、そういったリスクは小さくなります。「うーん。少しはそうかな」などと、自分なりの感じ方を表現してくれるかもしれません。

こらむ ３

「エコシステミックな見立てモデル」

大河原美以は、子どもの心理的問題は、さまざまな原因のどれかに集約されるものでなく、常に複数の要因が複雑にからみ合っていると指摘しています（大河原、二〇〇四、二〇一五）。そして、その複雑な状況を整理する枠組みとして、「エコシステミックな見立てモデル」を提唱しています（図３参照）。

「問題」は、過去からの子どもが育ってくるプロセスの中で形成されている側面と、子どもをめぐる現在の学校や家庭の状況によって増幅されているという側面からとらえられます。前者は「成長発達システム」と呼ばれ、過去から現在への時間的な流れとしてとらえられます。後者は「問題増幅システム」と呼ばれ、家庭や学校の連携という関係の相互作用としてとらえられています。子どもへの個人療法（狭い意味でのカウンセリング）は「成長発達システム」への介入であり、（専門機関における）家族療法や学校へのコンサルテーションは「問題増幅システム」への介入として位置づけられます。

このモデルに拠って考えると、学校現場は心理的問題を示す子どもの「問題増幅システム」のまっただ中の現場です。支援者の学校での振る舞いは、すべてこの「問題増幅システム」

図3　「エコシステミックな見立てモデル」

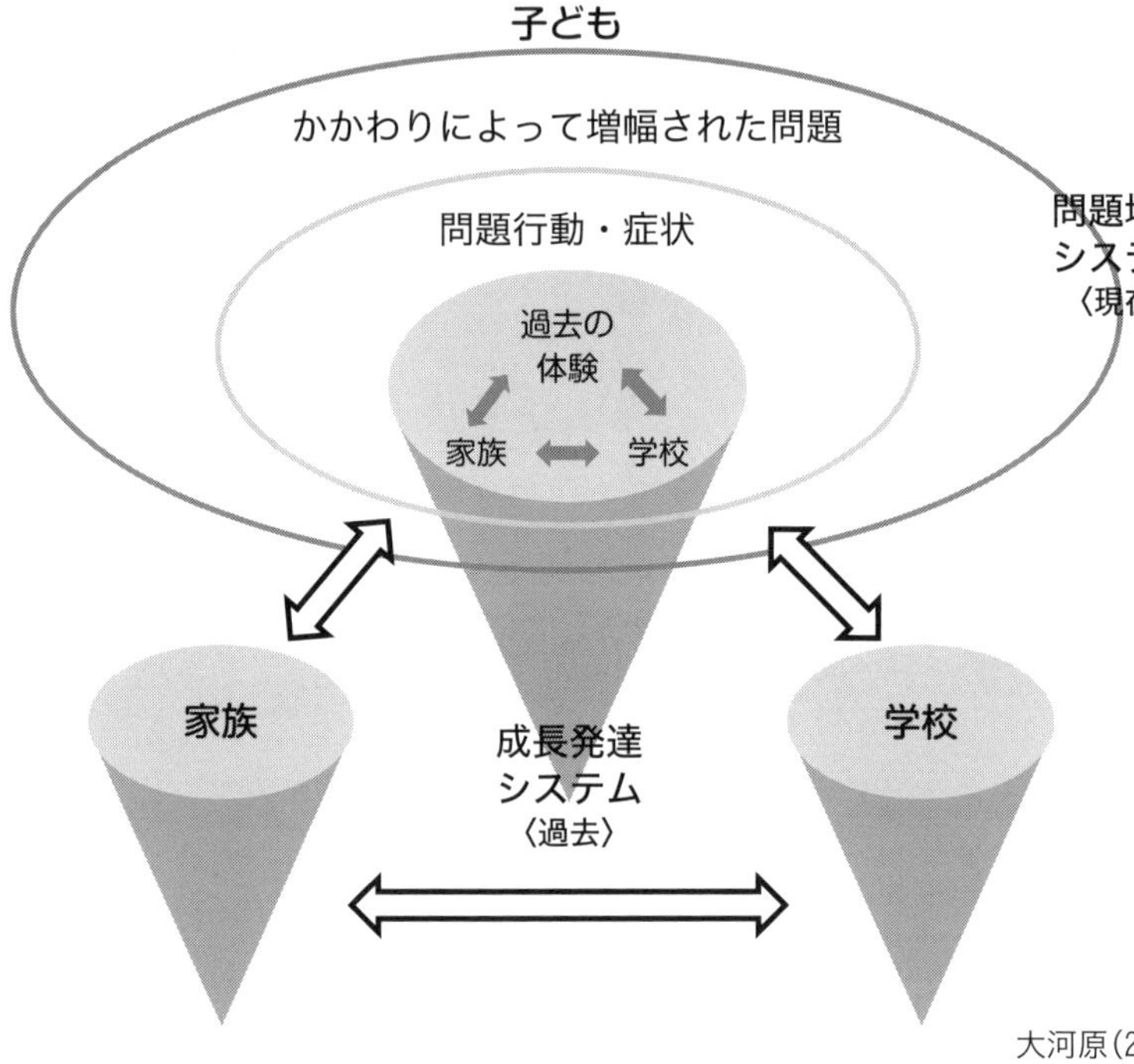

大河原（2015）

に影響を与えることができます。子どもの近くに行けば行くほど、「問題増幅システム」に巻き込まれていきますが、逆に言えば、「問題増幅システム」に影響を与えていくことができるのです。スクールカウンセラーは、子どもをわざわざその現場から取り出してカウンセリングをするまでもありません。子どもが生活をする教室や廊下という場面に出ていき、子どもにかかわることによって、その「問題増幅システム」を変えていくことができるのです。これは、学校外の専門機関のカウンセラーではなく、スクールカウンセラーであるからこそできる子どもへの支援なのです。本書のさまざまな工夫は、この「問題増幅システム」への介入を試みる工夫であると位置づけられます。

こらむ４

「二重記述モデル」から「太陽の法則」へ

ブリーフセラピーの立場からは、クライアントへの介入は、大きく二つに分けられます。一つは、問題を維持している悪循環のコミュニケーションを発見して、その悪循環を切断するという介入です。「do something different」と呼ばれます。もう一つは、問題が生じていない例外を発見して、それ（良循環）をどんどん増やしていこうとする介入で、「do more」と呼ばれます。これを説明したのが図４の「二重記述モデル」です。本書で紹介したさまざまな工夫もすべてこのどちらかに分類されます。

学校で子どもの問題が生じているということは、問題を維持する悪循環のコミュニケーションが教室や廊下で生じているということです。もし、スクールカウンセラーがまさにその場面で子どもにかかわるとしたら、その状況はいつもの教室や廊下とは違う状況になっています。つまり、「something different」が生じているのです。そのため、あらためて「something

図4　「二重記述モデル」

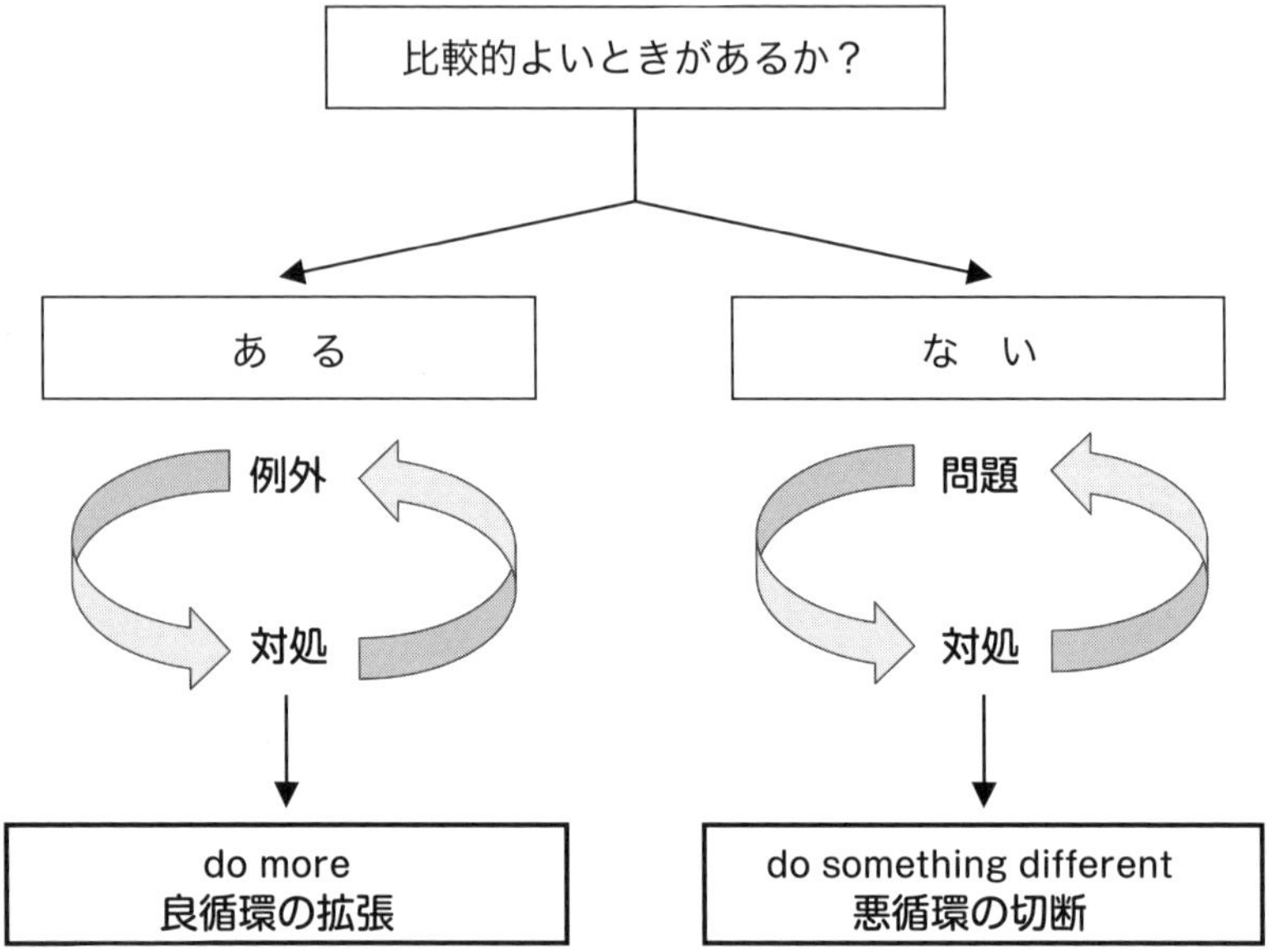

若島(2011)

different」を「do」する、つまり悪循環を切断しようとする必要はないのです。その場で少しでも良い状態を発見したりつくり出すことができたら、それは、「do more」を実践していることになります。二つの介入が同時に行われていることになります。

ところで、若島孔文は、「二重記述モデル」からさらに進んで「太陽の法則」を提唱しています（若島、二〇一二）。それは、「クライアントを肯定的に見て、そのすでにそこにある力を引き出すセラピー」のことです。本書で紹介しているさまざまな工夫も、肯定的な相互作用を引き出して子どもの成長を促そうという工夫です。「太陽の法則」と共通する部分も多いと感じています。

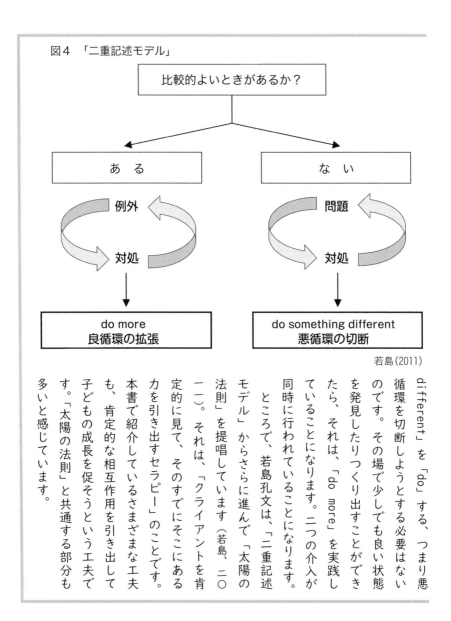

第3章

面接序盤編

学校での子どもとの面接やカウンセリングは、必ずしも子どもの自発的な来談によって始まるとは限りません。教職員の働きかけや、友達からの誘いなど、さまざまな要因によって来談しています。また、子どもが問題意識を持って来談しているかどうかも、まちまちです。そういった背景があるため、まずは子どもに安心感を持ってもらえるかどうかが序盤の焦点となります。

また、子どもが自分から話すということも重要です。こちら主導で話を聞き出すと、子ども自身の内面に触れるのは難しくなります。たどたどしかったり、回りくどかったり、わかりにくかったりしても、子どもに自分から話をしてもらうことがきわめて重要だと言えます。

しかし、子どもに安心するように促すことはできても、それで子どもが安心できるとは限りません。自発性を持つように指示することも可能ですが、指示によって自発性を高めることは、そもそも矛盾していて不可能なことです。子どもと相互作用のある関係を構築しながら、安心感を高め、自発性を引き出していくことが重要なのです。そのための小さな工夫を紹介します。

小さな工夫 17
名前をほめる

ほぼ初対面に近い状態で子どもとかかわるときは、子どもが不安を感じたり、こちらを警戒したりすることは、ごく自然な反応です。支援を進めていく前に、関係構築から始める必要があります。

一般的には、関係構築は、少しずつ時間をかけて行うものです。しかし、学校現場は、同時進行でさまざまな事柄が進んでいるため、コンパクトで的確な支援をしていくことが求められます。つまり、関係構築もコンパクトに行う必要があるのです。

そういった場合におすすめなのは、名前をほめるという方法です。第1章の「小さな工夫5：名前について質問する」でも紹介しましたが、「○○（子どもの名前）さんのお名前って、どういう字を書くんだったかなぁ？」と問いかけて、子どもに自分の名前の漢字（ひらがなの場合もあります）を言葉で説明するように促します。ほとんどの場合、子どもは自分の名前の字を言葉で表現しようとして説明をしてくれます。しかし、残念ながら上手に言葉で説明できない場合もあります。そんなときには、紙に書いてもらうよりも、まずは、こちらから指で空書きをしてみることがおすすめです。それでも、わからなかった場合に紙に書いてもらいます。

こうやって名前の字を確認してから、その子どもの名前をほめるのです。漢字の場合はその意味を肯定的に意味づけたり、音の響きを肯定的に意味づけたりしながら、名前をほめます。その名前から受けるイメージを肯定的に伝えることもあります。例えば、その名前を繰り返しつつ、「気持ちいい風が吹いているような感じがするね」とか、「広大な景色が広がっているようなイメージが湧いてくるなぁ」などという感じです。その名前が持っている存在感を、少しの間だけ子どもと一緒に心にとどめ、「素敵な名前だねぇ」と一緒に味わいます。それ以上、深入りする必要はありません。少しほめてみて、そこでそのやりとりを終えます。

名前をほめるということは、誰かとの比較や何かができるからほめているのではありません。

評価や成績とはまったく違ったところからの子どもへの働きかけなのです。その子どもの存在自体をほめるということです。存在自体をほめられるのはなかなか体験しないことですので、子どもにとっての意味は大きいと思われます。

ただし、おすすめしないほめ方があります。その一つは、「有名人と同じ」というほめ方です。子どもがその有名人を好きではない場合もありますし、その場合はほめていることになりません。また、その子どもの存在自体をほめようとしているわけですから、他人と同じだから良いという意味づけは非常に残念です。また、ほめたあとに、「親に感謝しないといけないね」とか「名前に負けないようにしてね」などと付け加えるのも、余計なことです。

大人と一緒に自分の名前の良さを味わったという体験が、自分や他者への肯定的な態度に自然とつながっていくものです。

小さな工夫18

強い働きかけでなく、小さな働きかけで相互作用をつくっていく

カウンセリングは自発的な来談に応えるのが基本ですが、学校現場では必ずしもそうではありません。担任の先生などからすすめられて不本意ながら来談していることも多いように思います。その場合、子どもがこちらを警戒していたり不安が強かったりして、なかなか安定した関係が構築できないことも多いように感じます。

また、学校生活での支援は、時間的な制約が大きいため、ゆっくり関係をつくっていくことも難しい状況にあります。そのため、支援のごく初期など、関係が深まっていない状況では、当面の関係を構築しつつ、やりとりを進めていくことが重要です。

私の場合、初回面接では、まずはこちらから自己紹介をすることを手順としています。その際に、ただ単に言葉で自己紹介するのではなく、必ず胸から下げている自分の名札を手に持って、相手に向けて見せるようにしています。その際、ほとんどの子どもが、名札に視線を向けてくれます。「スクールカウンセラーです」などと言ったあと、「ん？　書いてあるかなぁ」などとつぶやいてみせて、子どもの反応を見ることもあります。言葉だけで自己紹介をすると、子どもがどの程度それを聞いているのかは、こちらにはなかなかわかりません。名札を手に持って見せるという小さな働きかけをすることで、子どもとの相互作用がどの程度成立しているのかを、子どもの反応によって確かめることができます。

そっぽを向いていて、抵抗感が強いような様子を見せている子どもも、ほとんどの場合、チラッと名札を見てくれることが多いと感じます。そんな場合には、「どうも」「よろしく」などと短く反応を返して、一瞬でもやりとりが継続されていくように働きかけます。少しずつ相互作用が強まるように、子どもの応えられる範囲で少しずつ働きかけをしていきます。そっぽを向いたまま、ほんの少しだけうなずいたりする場合でも、相互作用が続いていることが確認できます。

こういったやりとりの中で、こちらの小さな働きかけに反応が続くというパターンが確認できれば、一安心です。反応が薄くても、こちらの投げかけは聞いてくれていて、心の中で何らかの動きが生じていると考えることができるからです。それが相互作用につながっていきます。

ところで、子どもをこちらに反応させることが大切だと書きましたが、子どもが反応するように「ちゃんと聞いてね」とか「わかったら返事して」などと、指示するわけではありません。知らず知らずのうちにこちらの言動に反応してしまうという関係性をつくっていくことが大切なのです。子どもへの支援は、子どもが自発的に、あるいは自由に動いて、それに応えていくことが原則です。こちらに反応させるのは、あくまでも、子どもが自由に自発的に動き出すその一つのきっかけなのです。

明確に指示してしまうと、「指示に反応しない」という反応が生じがちです。それも反応の一つという意味ではOKなのですが、こちらにとっては子どもの心の動きがわかりづらくなります。また、反応を引き出すために強い働きかけをするのもおすすめできません。強い働きかけに反応するというパターンが形成されてしまうので、こちらがいつも強く働きかけなくてはならなくなります。こちらの労力が大きくなって疲れてしまいがちです。その子どもとかかわることに負担感が生じて、支援を続けられなくなることがあります。

小さな工夫19

自発的に来談したプロセスに注目する

一般に、支援を必要としている子どもが自発的に来談するのは珍しいことです。一昔前は、人に頼らないことが良いこととされ、カウンセリングを受けるのは恥ずかしいことのように思われていた時代もありました。しかし最近では、上手に人に頼りながら自分も努力していくことが良いとされるようになっています。子どもたちにも、一人で悩んでいないで相談するように繰り返しアナウンスが行われています。しかし、それでも子どもたちはなかなか自発的に相談に来ることは少ないのです。

こういった状況から考えると、「自発的に」ということは、決して、「自動的に」ではありませんし、「自然に」でもないと言えます。子ども自身の中でさまざまな感情や考えの動きが生じ、その一つの結果として、「自発的に」相談に来たのです。つまり、相談に来るまでに、心はさまざまに動いているのです。したがって、来談するまでの心の動きのプロセスにも注目することが非常に重要です。

高校一年生のＤ男は、まじめでおとなしい生徒です。遅刻欠席はありません。成績は中程度ですが、授業の課題などはきちんと遅れずに提出されています。クラスには三～四人の友人がいて、休み時間には楽しそうに過ごしています。廊下でＤ男から「あのー、相談したいんですけど」と声をかけられて、相談を受けることとなりました。

後日、Ｄ男は緊張した様子で来談しました。自分から声をかけてくれたことをこちらからねぎらい、「相談っていうことですが、どんなところから聞いていけばよいでしょうか？」と促しました。Ｄ男は緊張した様子で、クラスメートのＥ男から身長が低いことをバカにされると話してきました。D男は「大したことじゃないんで、気にしすぎなんですけど」とのことです。「みんな楽しそうにしているし、自分だけがイヤだって言い出しても雰囲気壊すし」などと話します。E男に言われることがいつごろから気になり始めたのかを聞くと、少しずつつらくなってきたため、いつくらいからかよくわからないと言います。そこで、いつごろから相談しようと思ったのかを聞いてみると、一か月くらい前からとのことです。実は、その間、何度も相談の申し込みをしようと思って、私に声をかけようとしたこともあったそうです。

D男が話してくれた来談に至るプロセスから考えると、D男には、E男からバカにされるということによる心のダメージに加えて、そのことを相談するかどうかという心の負担がかかっていたととらえられます。バカにされるという悩みに加えて、それをめぐってさらなる悩みが生じているという二重構造になっていると考えられます。もしかすると、D男自身はもともと自分の身長を気にしていたのかもしれません。そこまで考えると、もともとの悩みがあり、さらにそれをめぐってバカにされるという悩みが大きくなり、相談するかどうかという悩みが生じていたという三重構造ととらえることもできます（図5参照）。

こういった場合、一番根本にある「悩み本体」の解消を目指すことがよいと考えがちですが、それはD男へのさらなる心の負担につながると想像されます。根本にある悩みについては今までの経過の中で、D男はさまざまな思いを体験しているはずです。D男のさまざまな思いを丁寧に取り扱っていくことが必要となります。それには、時間もかかります。また、D男自身の問題意

図５　D男の悩みの三重構造と支援者のかかわり

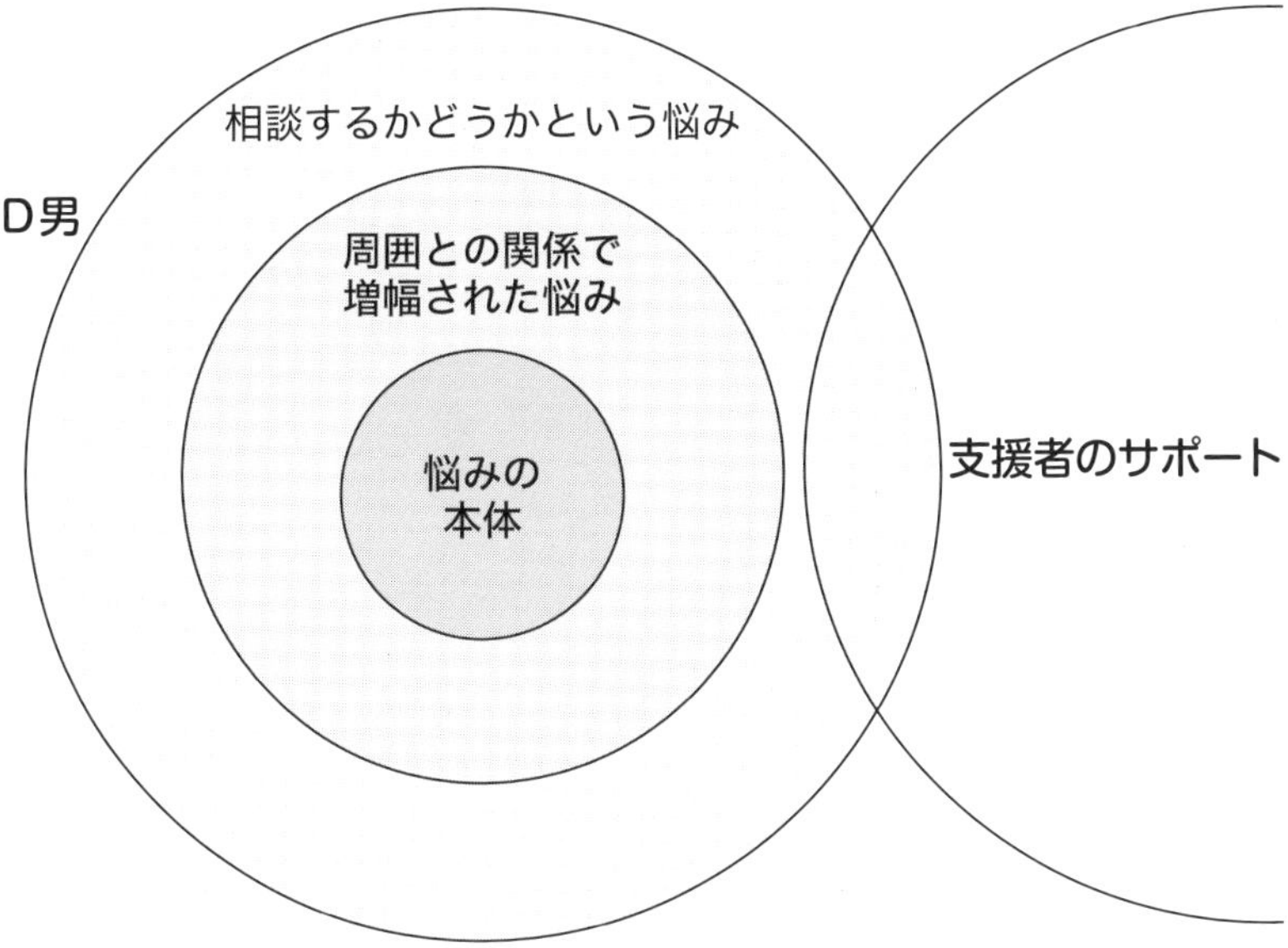

識や心の準備も必要ですから、もともとの悩み（悩みの本体）を取り扱うことは、当面の課題ではないと言えます。

一番外側にあるのは、相談するかどうかという悩みです。しかし、相談に来た段階でこの悩みそのものはほぼ解消しています。したがって、その悩みについて取り扱っていくことは、D男のさらなる心の負担にはならないと考えられます。また、D男の今の悩みとも関係があるので、D男の動機づけや心の準備も問題ありません。つまり、相談に行くかどうかという迷いや悩みを相談の中で取り扱うことは、無理なく始められるのです。それは、本格的なカウンセリングのウォーミングアップのような位置づけとして意味があると考えられます。

図５のように、D男の悩みが三重構造であるととらえると、相談に行くかどうか迷っていたときは、一番外側の円まで悩みが広がっていたととらえられます。そのときが悩みは一番大きかったわけです。

そのときには、いろいろと迷って心が大きく揺さぶられたわけですから、その心の迷いにサポートを届けることも大きな意味があります。

以上のように、悩みは本体から何重かの構造としてとらえられますが、悩みの本体に迫ろうとする前に、外側のほうから取り扱っていくことが求められます。そして、相談するかどうか迷ったことが一番外側の悩みであることがほとんどです。そのため、相談するかどうかを迷ったことから取り扱って、相談を進めていくことが無理のない進め方だと言えます。

D男には、「相談に行こうと思ったきっかけは何かある？」と問いかけてみることが一つの方法です。また、申し込みのために声をかけようとしたのはどの場面だったのかを詳細に聞いてみるのもよいと思います。そして、「そういうときって、こちらがどんなふうにしていたら、声をかけやすかったと思う？」などと尋ねてみます。声をかけようかと迷ったときの心の動きを丁寧に聞いて共感的にかかわることは、そのときのD男の気持ちにサポートを届けることになります。

小さな工夫20

間を取りつつ子どもの反応を待つ

子どもと話をしていると、子どもがこちらの投げかけを一面的にとらえがちだと感じることがあります。こちらが子どもに何か質問した場合、その質問に答えることが重要なのではありません。その質問を通して、子どもが自分自身について振り返ったり、そこから考えが広がったりすることが重要なのです。質問された内容ではなくても、そこから、思いついたことを自由に話すことができるほうが、子どもの自発性や自主性が自然と発揮されていると考えられます。また、子どもが聞かれたことだけに答えてくる場合、こちらばかりが一生懸命に考えることにつながります。こちらが一生懸命に投げかける言葉を考えて、子どもはその言葉に答えるだけというやりとりに陥りがちです。そうすると、子どもの話を聞くことが、こちらには非常に大きな負担となってきます。子どもが自由に自発的に話すようなやりとりを続けることが、子どもにとっても大人にとっても大変重要なのです。

おそらく学校現場では、大人（教師）と子ども（児童生徒）の関係は、大人が子どもを指導したり、教えたりする場面がほとんどです。大人が子どもよりも圧倒的に強い立場に立っています。大人の言うことに従うということがパターンになっていて、子どもの自由で自発的な動きが出てきづらい状況になっているのだと考えられます。

こうした状況に対処するため、子どもに投げかけたり、質問をしたりする場合には、自由で自発的な発言ができるチャンスを残しつつ働きかけをしていくことが重要だと感じます。その工夫の一つは、間を取りつつ子どもの反応を待つという方法です。

例えば、「友達からひどいことを言われた」という訴えがあった場合を考えてみます。「ひどいことって、どんなことを言われたの？」というのは、シンプルな投げかけです。こちらとしては、具体的な事実関係のみを知りたいのではなく、その状況や、言われたときの気持ちなど、さまざまなことについて知りたいと思っているのですが、手始めに「ひどいこと」の具体的な内容について問いかけています。もし、子どもからは「○○と言われました」という答えだけで終わってしまった場合には、また、こちらから何らかの投げかけをする必要が出てきます。こちらが主導になって、子どもが自由で自発的に話すということから遠ざかってしまいます。

しかも、場合によっては、その「ひどいこと」を具体的に思い出したくない、言いたくないというときもあります。「ひどいこと」の内容を聞かれて、抵抗が大きくなってやりとりが止まってしまう可能性もあります。具体的に質問するということは、こういったさまざまなリスクをはらんでいるのです。

そのため、例えば次のような投げかけをしてみます。

「そうかぁ…。ひどいことかぁ…。言われるとイヤな気持になるよね。（…間…）そういえば、相手が言ってきたのは、どんなことかなぁ…、なんか気になってくるね…」

という感じです。一つ一つの言葉と言葉の間には、若干の間を取って投げかけをします。

もしかしたら、「そうかぁ…」の段階で、「そうなんですよ、ひどいんですよ。○○って言ってきたんですよ」などと子どもが反応するかもしれません。また、「どんなことかなぁ…」の段階で、「○○って言ってきたんです。ひどいと思いませんか?」という反応があるかもしれません。

こんなふうに、子どもは、自分の好きなところで反応して、話をすることができます。もちろん、子どもが反応した段階で、その先の投げかけは行わずに、子どもの話を聞くのです。

もし最後まで子どもが反応しなければ、話したくない、思い出したくないという可能性を考えて、「もしかして、思い出すのもイヤだなぁとか…、思ったり、する?」と聞いてみることができます。その言葉に少しでも反応があれば、「言われたときにも、イヤな気持ちになるけど、思い出すだけでもつらいよね」と返すことができます。

実は、この本で紹介しているほとんどの投げかけは、多かれ少なかれこんな感じで行われています。読み物としては冗長になるので、簡潔に書いてあります。子どもがいつでも自由に話したいことを話せる場を保っていくことが何より大切だと思います。

こらむ 5

「牛の訓練名人」

学校現場での子どもとのかかわりは、一種のプレイセラピーとして考えることができます。プレイセラピーは、子どもの成長を支えるかかわりとして本質的な要素を含んでいると私は思っています。それだけに、プレイセラピーは奥が深く、単純にはとらえることが難しいと感じます。

東山紘久は、「牛の訓練名人」のたとえ話を通して、プレイセラピーの本質をわかりやすく解説しています（東山、一九八二）。学校での子どもへのかかわりに関しても、大きな示唆があるように思います。少し長くなりますが、紹介したいと思います。

暴れたり、まっすぐ耕さなかったり、なかなか言うことを聞かない牛が、名人のところに連れてこられます。

まず、名人は、その牛に一言二言声をかけただけで、泥田に放します。牛は、田んぼで好き放題に遊んでいて、名人はそれを三日も四日も、ただ見ているだけです。そのうち、牛のほうが、名人のことを気にし始めます。そして「モ～十分遊んだ」と牛が言うまさにそのときに、名人は立ち上がり、牛に鋤を付けるのです。鋤を付けられた牛は、あちこち走り回ります。名人はただそれについていきます。牛はこれでもかというように、縦横無尽に走り回ります。名人は、それでも牛の行くとおりについて走ります。

そのうちに、牛が立ち止まって、不思議そうな顔をするそうです。名人は、にっこりして「まっすぐまっすぐ」と声をかけます。そうすると、牛もにっこりして、まっすぐに田んぼを鋤き始めるそうです。

名人は何もしていないように見えて、牛との関係づくりが少しずつ進んでいきます。そして、ここぞというときには、しっかりとかかわり続けるのです。そして、最後にはお互いに快適な相互作用が生まれてくるのです。

このたとえ話は、学校での子どもの支援に非常によくマッチすると感じます。支援が行われる場が必要だと言えます。また、関係の中で子どもが自由に自発的に動けることが重要だと言えます。そして、大人は、子どもの動きについていくことが重要だとわかります。

本書で紹介しているさまざまな工夫は、この「牛の訓練名人」が自然体でやっていることを、学校での工夫として目指しているように感じます。名人ばかりが子どもを育てているわけではないのです。私たち、ごく普通の大人も、名人に少しでも近づくことができるように小さな工夫を重ねたいものです。

第4章

面接中盤編

面接の中盤は、序盤で形成された相互作用をもとにして、子ども理解の手がかりを得つつ、子どもとのかかわりを深めていくことが重要になります。しかし、子どもは自己理解や他者理解に課題を持っていたり、自己表現に困難を抱えていたりすることも多いものです。そのため、ただ単純に子ども主導で面接を進めていくと、面接が行き詰まってしまいがちです。だからといって、単純に大人主導で進めては、支援になりません。

面接中盤での子どもへのかかわりを意味あるものにしていくためには、いろいろな工夫が必要になります。面接中盤編は、〈理解編〉〈かかわり編〉〈アドバイス編〉の三つに分けて、それぞれの小さな工夫を紹介していきます。

1 面接中盤〈理解編〉

面接の中盤では、子ども自身や子どもの置かれた状況を理解することが必要になってきます。理解を深めるためには、子どもから話をよく聞くことが基本となります。しかし、子どもの話は、子どもが自分なりにとらえた状況について終始することがほとんどです。こちらが子どもを理解するために必要な情報が、子どもの話から得られるとは限りません。こちらの聞きたいことを質問すれば、必ず子どもから情報が得られるというわけでもありません。子どもが話すことを邪魔せず、かつ、子ども理解のために必要な情報を得ていくための工夫が求められます。

小さな工夫21 本当にイヤなものを理解する

子どもが直面している問題は、大人の目からは単純に見えるかもしれませんが、大人のとらえた問題と子どもの実感とはかみ合っていないこともあります。子ども本人の感じていることに基づいて、直面している問題を理解していくことが大切です。

小学校四年生の算数のＴＴの先生から、Ｆ男について相談がありました。Ｆ男は、算数の授業中ずっと落ち着かない様子だとのことです。授業にしっかり取り組めず、落書きをしたり、消しゴムで遊んだり、授業と関係のないことばかりをやっているそうです。授業の内容に取り組むように促すと、その場では「うん」と答えますが、少しだけ取り組むとすぐに「やりたくない」「イヤだ」などと大声を出して、急にうろうろ歩き回ったり、教室から出ていったりしてしまうとのことです。先生は、「算数がわからなくなっているから、イヤなんだと思うんですよ」と話していました。

私が担任の先生の了解を得て、教室でＦ男の様子を見てみると、算数の授業にはなかなか取り組めず、イライラした様子にも見えます。教科書の問題を解くように指示されると、すぐに「イヤだ」「やーめた」と全員に聞こえるような声で言います。私が近寄って、「イヤなんだね」と小さく声をかけると、すぐにF男から「めんどくさいからイヤだ」と返答がありました。イライラしている様子が伝わってきたので、「イライラするんだねぇ」と声をかけると、F男は「イライラするからイヤだ」とのことです。

ここで、少し考えてみていただきたいのですが、F男は、本当に算数がイヤだととらえてかまわないのでしょうか？　正確にとらえると、算数がイヤなのではなく、イライラするのがイヤなのです。おそらく、算数でなくても、イライラしてしまうような活動がF男は嫌いなのです。算数の問題を解くときには必ずイライラするため、算数がイヤなのです。つまり、イヤなことの本体は、〝イライラすること〟なのです。

また、「算数がイヤだ」というとらえ方と、「イライラするから、算数がイヤだ」というとらえ方とでは、対処できるかどうかに大きな違いがあります。「算数がイヤだ」ととらえた場合、「イヤでも、算数の勉強はやらなくてはいけない」などという結論になりがちで、対処するところまでには至りません。反対に、「イライラするから、算数がイヤだ」というとらえ方は、対処を工夫するという考えにつながります。つまり、「算数のときに、イライラしないで問題を解く方法を工夫しよう」などという考え方を持てる可能性があります。ですからこの場合、「算数がイヤだ」ととらえるのではなく、「イライラするのがイヤだ」ととらえることがおすすめです。

F男へのかかわりに話を戻すと、「イライラするから算数がイヤだ」とF男は言っていますが、こちらからは「イライラするから算数がイヤなんだね」などとは応えないほうがよいです。単に「イライラするのがイヤなんだね」と返すのがおすすめです。そう返しても、最初はF男はなかなか「イライラするのがイヤだ」とはとらえられず、相変わらず、「イライラするから算数がイヤだ」と返してくるかもしれません。論理的な面から説明しても、F男のとらえ方はなかなか変化しないので、その場は、受け流しておきます。そして別の場面で、F男がまたイライラしていて物事に取り組めないときに、「イライラするのがイヤなんだね」と投げかけることを繰り返していきます。そうしているうちに、F男自身が「イライラするのがイヤだ」ととらえられるようになります。そうなったときがチャンスです。「じゃあ、イライラしないようにするにはどうしたらいいか、一緒に工夫しよう」と働きかけると、F男自身と協力しながら、イライラへの対処方法を考えていくことができると考えられます。

小さな工夫22　不思議がってみる

子どもを支援するときには、子どもの行動や考えの理由を知りたいと思うことがよくあります。理由を聞こうとして、「どうして○○なの？」と質問することがあると思います。一般に、「どうして○○なの？」という質問では、質問された側が非難されたとか否定されたと受け取りがちだと言われています。実際、「どうして宿題しないの？」などという言い方で、宿題をしないことを叱られた体験はほとんどの子どもが持っていると思われます。

小学校四年生のG男は、漢字が苦手です。国語の授業中に漢字練習をしているときに、イライラした様子で「漢字なんかイヤだ」と大声で叫んでいます。「どうしたの?」と聞くと、「漢字がイヤだ」と話します。「どうして漢字がイヤなの?」と聞いても、「漢字なんかなくても、ひらがなだけでいいのに」と答え、G男がなぜ漢字がイヤなのかに話は進みません。

子どもを支援する大人としては、その子どもをよく理解しようとして、その行動の背景を知ろうとすることはごく当然です。しかし、上述のようなことから、「どうして○○なの?」という質問を通して背景を知ろうとしても、子どもからの自然な反応が得られにくいと考えられます。

こんなときは、「どうして○○なの?」と質問するのではなく、「どうして○○なんだろうねぇ…」と不思議がってみることをおすすめします。

例えば、「どうして漢字がイヤなの?」と質問する場合と、「どうして漢字がイヤなんだろうねぇ…」と不思議がってみる場合とでは、子どもの反応が違ってくると思われます。「どうして○○なんだろうねぇ…」と不思議がってみる場合には、その行動や状況について、子どもと一緒に頭の中に思い浮かべて、一緒に考える姿勢になりやすいように感じます。子どもが子どもなりに、考える姿勢になることができたら、自分の思いついたことを自由に話してくれるのではないかと感じます。

事例のＧ男は、こちらが不思議がってみると、しばらく考えるような様子を見せ、「線が多いからだ！」と自分なりの発見があったようでした。

小さな工夫23 〝そのあと〟どうしたのかを聞く

子どもからの相談を聞いていると、出来事のいきさつについて、最後のほうのことは語られないことが非常に多いと感じます。語られていないその先の時間に目を向け、子どもがその時間をどう過ごしたのかを聞くことも重要です。

中学校三年生のＣ子は、母親から勉強のことを厳しく言われて、ストレスがたまっていると相談をしてきました。「いつも『勉強は？』しか言わなくて、本当にストレス」、「うるさく言わなくても勉強してるのに…」とのことです。昨日も、「早く勉強しなさい」と強く言われて、「本当にウザい」とイライラした様子で話します。こちらから「イライラするよね」と共感的にかかわっていくと、「せっかく頑張ろうと思ってるのに、うるさく言われたらやる気がなくなる」と強い調子で言ってきます。こちらからは「うるさく言うんじゃなくて、どんなふうにしてくれたら、Ｃ子さんとしては一番いい感じかなぁ？」と投げかけてみました。「そんなのは、何も言わないでいてくれたら一番いいに決まってるじゃないですか」とやはり強い口調で話します。

その後も少し違った投げかけを行ってみましたが、うるさく勉強のことを言われるのがイヤだという話が繰り返し語られます。

C子が、母親から勉強するように強く言われてイライラなどの不快な感情を募らせていることはわかります。しかし、そこから先になかなか展開していくことができない状況になっています。こういった場合には、問題として語られている状況（母親から厳しく言われてイライラしたとき）のあとに、子ども自身がどうしていたのかに目を向けてみることも一つの方法です。

ストレスフルな状況が生じている場面では、それに反応して混乱した感情や考え、行動が表面に現れてきます。人にはさまざまな感情や考えが生じますが、表面に現れる感情や考えの陰に隠れて、他の感情や考えが見えなくなることがあります。また、何らかの不快な感情が生じたあとには、その不快な感情に対処するための行動が生じます。〝そのあと〟にどんなことをしていたのかを聞くことで、子どもがどんな対処行動をしたのかについて知ることができます。

その対処行動は、子どもをサポートしていくためには非常に重要な情報です。さらには、対処行動をしたあとには、混乱した感情や考え、行動が、ある程度収まってきます。〝そのあと〟について聞くことで、背景で動いていた感情や考えについて知ることができるかもしれません。その情報は、その子どもをより深く理解するために非常に重要な情報となる場合があるのです。

事例に戻れば、C子に「お母さんにうるさく言われたあとは、どうしてたの？」と聞いてみることができます。もしかしたら、C子は、部屋にこもって一人で音楽を聴いて過ごしたのかもしれません。それは、自分一人で自分の心をサポートするという対処行動です。しかしそこには孤独が感じられます。実は、自分で自分をサポートする孤独な時間こそが、本当にサポートが必要な瞬間なのではないでしょうか。Ｃ子から〝そのあと〟どうしていたのかについて話を聞いて、さらに、そのときの気持ちまで語ってもらうことを通して、Ｃ子の隠れている気持ちをサポートしたいものです。

子どもの話を聞いていくと、表面的には混乱した激しい感情が生じていることがあっても、その背後には、孤独や自己嫌悪、悲哀などの感情が隠れていることが多いものです。子どもが語るエピソードの〝そのあと〟どんなふうに過ごしたかを聞くことによって、隠れている子どもの姿に触れることができます。その時間の子どもこそ、サポートを必要としていると感じます。

小さな工夫24　細かな内容は括弧でくくって受け取る

子どもによっては、細かなエピソードを途切れずに話してきて、こちらの理解が追いつかないことがあります。例えば、友達関係のトラブルなどの相談の場合、そのトラブルのいきさつは、多くの登場人物の間に相互作用が働いていて、きわめて込み入った話になることがあります。また、好きなアニメやアイドルの話なども同様です。エピソードとともに多くの人物とその関係性などが語られて、こちらの理解が追いつかないことがあります。

こういった場合には、語られている内容を丁寧に理解する必要はありません。「○○さんをめぐる友達関係のトラブル」「○○アイドルの人物相関関係」などと括弧でまとめた形で理解することがおすすめです。

話をきちんと聞くためには、細かな内容まで理解して聞くことが重要だと考える方が多いかもしれません。しかし、事実関係や出来事よりも、話している子ども自身の心の動きが一番大切なのです。だからこそ、語られている細かな内容を理解することよりも、今、目の前で、その話をどんな気持ちで思い出して話してくれているのかに目を向けて話を聞くことが大切なのです。そのためには、細かな内容は丁寧に聞かず、括弧でまとめてしまうことが現実的です。

例えば、こんなやりとりになります。

D子は、部活動の友人関係でかなり長い間悩んでおり、そのことを担任に相談してきました。しかし、担任からのアドバイスをもとに友達に働きかけても、今一つ思いどおりに展開せず、苦労が続いています。そこで、相談室の私のところにやってきました。

D子は私に、過去のいきさつから、担任のアドバイスまで、詳しく話してきます。「○○が××で、それは、さっき言った、△△が□□だから、ダメだったんですよ。それで今度は、……」という感じです。私は、話の内容に理解が追いつかなくなってきたのを感じています。「おおーっ。なんか、どんどんわからなくなってきたぞ」と返すと、D子は、「先生、ちゃんと聞いてくださ い」と言います。

そこで私は、「いろいろとすごく大変なのが伝わってきたけど、D子さんとしては、どんなことが一番大変な感じ？」と投げかけてみました。「もう、いろいろあって、そんなのわからないんですよ」とのこと。「そうか～。D子さん自身もなんかわからなくなってきてるんだねぇ」と返すと、D子もうなずきます。私は続けて「じゃあ、その〇〇部人間関係問題って言えばいいかな、〇〇部人間関係問題があるわけでしょ、それのせいで、D子さんは、どんな気持ちにさせられてるの？」と投げかけてみました。D子は「それでイライラさせられてる」と言いました。「じゃあ、とりあえず、そのイライラを何とかできるといいのかもしれないねぇ」と返してみました。

こんなふうに、話の詳細に深入りせずに括弧でくくってしまうことは、意外と重要です。出来事や人間関係そのものは、思いどおりにコントロールすることはできないからです。

よく「他人と過去は変えられない、変えられるのは自分と未来だけ」という言葉を聞くことがあります。D子が語っている内容は、すべて過去のエピソードであり他人の言動です。つまりそれらは変えられないものなのです。しかし、ここでD子に「変えられるのは自分だけだよ」などと話してもD子は納得しないでしょうし、相談としてはそこで終わってしまいます。そうではなく、この時点では、D子の気持ちに焦点を当てていくことが大切です。

そのために役立つのが、細かな内容を括弧でくくって受け取るという方法です。括弧でくくってしまえば、その中身にはあまり深入りせずにすむからです。そして、括弧の中身について子どもも自身がどう思うのか、どう感じるのかということを焦点にして話し合っていくことができるのです。『一瞬で良い変化を起こす　10秒・30秒・3分カウンセリング』（半田、二〇一七）で紹介した「現実感の低い話をしてくる子どもへの支援」方法は、この括弧でくくるという工夫の応用例の一つとしてとらえられます。

小さな工夫25

否定的な内容は、できるだけ細かく具体的に聞く

子どもの相談を受けていると、同級生や担任の先生、学校そのものなどについて、子どもから否定的な評価を聞くことがよくあります。文句や非難という形で語られることも多いため、聞く側としては心理的な負担を感じます。一般的には、人を非難したりするのは良くないこととされているため、否定的に言うことそのものをやめるように諭したりすることがあると思います。しかし、こちらが指導して否定的なことを言わなくなったとしても、子どもの中にある否定的な気持ちが変化したわけではありません。

対処が可能なことには適切に対処し、対処できないことについては心の整理を進めていく必要があります。そのためには、言わないようにさせるのではなく、より具体的に詳しく語るように促すことが重要です。

高校二年生のE子は、学校の遅刻・早退が多く、欠課時数が多くなって進級が危ぶまれていま

す。E子に話を聞いてみると、とにかく学校がイヤでたまらないとのことでした。

「学校の中で特にイヤなのはどんなところ？」と聞いてみましたが、E子は「どんなところっていうか、とにかく全部イヤ」と言います。なかなか具体的な話が出てこないため、「特にどんなときにイヤだなぁって思うの？」と聞いてみると、「授業がイヤ」とのことです。さらに聞いていくと、「〇〇の授業が最悪。当てられるのが不安」とのこと。

「もし当てられなかったら？」と確認すると、「まあ、大丈夫かな…。でも、当てられると焦ってしまい、しどろもどろになってしまう。そうすると、周りから見られて、余計に焦るのがイヤだ」と答えました。

私が「当てられて焦るのがイヤなんだね」と返すと、「そうなんですよ、なんで授業中に突然当てるんですか？　焦らせたら意味ないでしょ。ああいうのって、必要ないと思いませんか？　焦らされるとかえって勉強なんかできないし、授業じゃなくて一人で勉強したほうがよっぽど効率的だし、学校もいらないですよ」と、最初のように学校がイヤという訴えが強まりそうな話しぶりです。

「とにかく焦るのが最悪、最高にイヤなんだね」と返してみると、「そうなんです。焦るのがイヤなんです。焦らなければいいんですけど…」と言いました。さらに、「一回焦っちゃうと、その日はもう絶対だめです」と説明を加え、「そんな日は早退するしかない」ということでした。「早退するしかないほど、つらい気持ちなんだね」と言葉をかけると、「つらいんですけど…、それよりも怖いっていうか…」と自分の気持ちを語り始めました。

「学校がイヤ」という訴えの場合、イヤなことは学校全体に広がっているような印象を受けます。本人の頭の中でも、「学校＝イヤ」というようなごく単純なとらえ方が強いと考えられます。「学校がイヤ」ということであれば、それに対処するためには、学校を辞めるとか転校するなどの方法しかありません。対処がほとんどできないととらえられる状況です。

ところが、「焦るのがイヤ」というように、イヤなことが具体的になると、かなり状況は違ってきます。「焦るのがイヤ」であれば、それ以外はＯＫなのです。また、焦りの感情が生じてしまう状況には対処することができます。実は、早退は、本人の焦りの感情が生じることに対処するための、対処行動だととらえられます。それ以外の対処方法が見つかれば、早退は避けられるかもしれません。例えば、当てられないように配慮してもらえれば、焦る状況を避けられる可能性は非常に高いでしょう。その他にも対処方法をいくつか見つけることができるかもしれません。

否定的な内容が具体的になればなるほど、問題は小さくなって対処可能になってくるのです。また、「学校がイヤ」という訴えの場合、こちらは共感することが難しいものです。一方、「焦るのがイヤ」というように訴えが具体的になれば、「焦るのはつらいね」とか「焦るのが怖いんだね」などと共感を伝えることができます。そういったやりとりの中で、Ｅ子の気持ちの整理が自然と進んでいきます。

こんなふうに、否定的な内容が語られる場合には、具体的に詳しく語られるよう促していくことが重要です。なお、早い段階で「焦らなければＯＫなんだね」などと、こちらから明確化してしまうことは逆効果です。まだ気持ちや考えが十分に整理されていないため、「学校がイヤ」のような漠然とした訴えに戻ってしまう可能性があります。今回のE子のように、「焦らなければいいんですけど…」などと、自分から語られるのを待つことが大切です。

小さな工夫26 本人が自分でつぶやくような言い方で質問する

子どもと話をしていると、子どもをよりよく理解したいと感じて質問したくなることがよくあります。例えば、学校を欠席がちになっている子どもの話を聞いていると、学校に何かイヤなところがあるのだろうと想像し、「学校の中のどんなところがイヤなの？」と質問したくなります。そういった場合に、こちらの頭の中に生じた疑問をそのまま質問するのではなく、子ども自身が自分でつぶやくような言い方で質問することをおすすめします。

例えば、「こんなところが学校の中で特にイヤだなぁ…、とかってあるかな？」などと、質問ともつかないような雰囲気で投げかけてみます。もし、その言葉を受けて、「えー、イヤなところは…」などと子どもが語り始めたら非常に良い展開です。

そもそもカウンセリングは、尋問や取り調べではありません。こちらが子どもを理解することよりも、子どもが自分自身で自分を理解していくことが重要です。そのため、こちらが情報を集めるために質問をするのではなく、子どもが自分を見つめるように促す質問をすることが重要だと感じます。子どもが自分でつぶやくように質問してみることは、子どもが自分で自分を理解するのを促すことができるように感じます。

小さな工夫27
「どんなときに？」と聞く

子どもをめぐって何らかのトラブルが生じているときには、その背景や理由を知りたいと思うものです。しかし、子どもに背景や理由を質問しても、今までに話されたことやすでにわかっていることの繰り返しになってしまい、先に進めなくなってしまうときがあります。

小学校三年生のＨ男は、学級で友達とトラブルになりがちです。昼休みにＩ男と口論からつかみ合いになっているところを担任の先生が発見して、個別に事情を聞くことになりました。Ｈ男は、「Ｉ男が悪い。いっつもイヤなことばかり言ってくる」と繰り返し主張してきます。担任から「どんなことがあったの？」と質問してみましたが、「あいつがイヤなことばっかり言ってくるから」と、先ほどの主張の繰り返しです。「どうしてけんかになるんだろうね？」と背景を探ろうとして質問してみますが、「Ｉ男が悪い。イヤなことばっかり言う」とやはり繰り返しになってしまいます。状況を理解することも、Ｈ男の気持ちや考え方を理解することも難しい状況です。

こういった場合に、「どんなときに、イヤなことを言ってきたの？」と質問してみることがおすすめです。「今日は、どんなときに、イヤなことを言ってきたの？」と限定して聞いてみてもよいかもしれません。例えば、「図工の時間に…」などと具体的な状況の説明が返ってくるかもしれません。そうすれば、「図工の時間の何をしているときにイヤなことを言ってきたの？」とさらに詳しく聞いてみることができます。

「どんなときに？」という質問をすることで、その子ども自身の体験が思い出されやすくなると考えられます。そのときのことが少しずつ話に出てくれれば、そこから背景や理由の理解につなげていくことができます。

小さな工夫28　つながりをつくる

学校現場で子どもを支援していると、子どもが学校生活の中で困難に直面しているのではなく、家庭生活の中で困難に直面している場合があります。そういった場合、こちらのサポートが子どもの日常生活の中まで届かないと感じることもよくあります。教師であってもスクールカウンセラーであっても、すべての子どものすべての場面で必要なサポートを行うことはもちろん不可能なことです。しかし、一方で、子どもがサポートされていない場面でこそ、子どもに届くサポートができないだろうか、と感じることがあります。

小学校四年生のＪ男は、月に四～五回の欠席があります。母親と二人暮らしですが、母親の仕事が不規則なため、Ｊ男も生活リズムが整っていないようです。特に、母親が平日休みの日には、Ｊ男も学校を欠席することがほとんどです。最近は、登校しぶりも多くなっています。母親が出勤前に車で学校まで送ってきて、イヤがるＪ男を無理やり置いて、急いで仕事に出かけるような場面も見かけるようになりました。

Ｊ男と話をしていると、家での様子がいろいろとわかってきました。母親が遅くなるときには、お菓子を食べることも多いとのことです。布団に入ってテレビを見たり、ゲームをしながらお菓子を食べて、母親の帰宅を待つことが多いそうです。母親が帰ってくる前に、いつのまにか寝てしまうことが多いとも言います。月に二～三回は、母親の帰宅が深夜零時を回ることがあり、そのときは、母親が用意した夕食をＪ男が一人で食べて、一人で就寝するようです。

母親にもっとＪ男をサポートしてほしいと思うところですが、母親は母親なりに頑張っていると思われます。学校の職員としてできることは、母親を変えることではなくＪ男をサポートしていくことです。その工夫を考えなくてはならないと思います。

もし、一人で過ごしている時間のＪ男とつながりを持つことができるようなかかわりができたら、Ｊ男をサポートすることにつながります。

例えば、Ｊ男から一人の時間の過ごし方をできるだけ詳しく聞いてみます。Ｊ男にとって、「聞いてもらった」という体験が意味のある体験ならば、一人で過ごす時間に、「今日のことは、明日、〇〇先生に報告しよう」と思うかもしれません。また、好きなスナック菓子について学校でＪ男と楽しくおしゃべりすることができたら、Ｊ男は、一人でスナック菓子を食べる瞬間に、こちらのことを思い出すかもしれません。Ｊ男がそう思えるならば、一人で母親を待って過ごす時間はただの孤独な時間ではなくなり、こちらの存在を意識していて、心の中でつながりができているのです。

「明日話したい」と思えるように、そして、学校の先生のことを思い出してもらえるように、今この瞬間にはＪ男と楽しく話すことが大切です。例えば、Ｊ男はそのときどんなお菓子を食べるのか、お母さんはどのお菓子が好きなのか、おすすめのお菓子はあるのか、飲み物はどうしているのか、お菓子の袋は自分で片づけるのか、テレビはどんな番組を見るのか、ゲームは何をやっているのか、などなどです。驚きを伝えたり、面白がったり、教えてもらったりしながら、楽しく話をしたいものです。

そういった話をしながら、Ｊ男がどんなふうに過ごしているのかを頭の中に描くように想像することも大切です。具体的な状況を細かく理解し想像すると、Ｊ男が一人で過ごすときの感情をよりリアルに感じ取ることができます。それは、ただ単に「一人でお菓子を食べて寝る」という情報だけからＪ男の感情を想像することとは、理解の質がまったく異なるでしょう。状況を知ってわかったつもりになるのではなく、Ｊ男の体験の詳細を知り、想像することは、より深くＪ男を理解することでもあるのです。

小さな工夫29

「知らない」ということを強調する

子どもと関係を築いたり内面を理解するために、子どもの好きなアニメや小説やアイドルなどについておしゃべりすることは非常に役立ちます。しかし、ここ数年、さまざまなアニメやアイドルが誕生してきています。子どもの話に、名前すら聞いたことのない作品やアイドルが登場することもよくあります。また、過去のアニメもインターネットの動画サイトで視聴できるようになりました。一〇年以上前の特撮ヒーローにはまっている子どももいます。さらには、作家が個人で公開しているインターネット小説を探し出して読んでいる子どももいます。こんなふうに、子どもが興味を持ったり好きになったりする作品はきわめて幅広く、支援者個人があらかじめ知識を得ておくことには限界があります。

実は、作品やアイドルを知らないということには、子どもを支援する上ではプラスの面があるのです。その子ども自身の作品の感じ取り方が自然に優先される状況になるからです。相手が知らないからこそ、子どもは、自分の感じ方を話すことに不安が少なくなります。こちらが知らないことは、一つのチャンスになるのです。話を聞きながら、「知らないから（作品を）紹介して」「詳しくないから、面白さを教えて」などと働きかけて、子どもの感じているその作品について語ってもらうことができます。それは、子ども自身の内面を語ってもらうことなのです。

子どもは、自分が好きな作品を相手が知らないことそのものに、最初は不安を感じていることがあります。例えば、好きな作品を教えてもらおうと働きかけたときに、「たぶん知らないと思いますよ」などとためらって教えようとしない子どももいます。こういった場合も、知らないことは、大いに活用できます。「そうなんだよね。たぶん知らないと思う」などと肯定した上で、「知らないと思うから、名前だけでも教えてみて」と促します。そして「おおー、やっぱり知らなかった」とか「あー、名前だけ聞いたことがある」などと、知らないことを強調することができます。ほとんどの場合、子どものためらう姿勢が大幅に低下します。さらに子どもの動きに合わせて、「どんなところが好きなの?」などと、子どもの感じ方を教えてもらうことが可能です。

また、アニメやアイドルについてだけではなく、学校のことについても「知らない」ということを活用することができます。多くの場合、すべての子どもの顔と名前や特徴をこちらが把握しているのは不可能です。また、他の先生の授業や部活での出来事や雰囲気などもわからないことが多いと思います。学校のことであっても、知らないことが多いものです。知らないことを強調しつつ、目の前の子どもの感じていることに焦点を当てて話を聞いていくことが大切です。

小さな工夫 30
学習した内容を具体的に聞く

子どもたちが授業に出て問題を解いたり、宿題の漢字ドリルをノートに書き写したりしていると、その行動をほめることが多いと思います。そういった場合、どんなふうにほめるでしょうか。「宿題やってるんだ、えらいねぇ」などとほめるかもしれません。一般的には、「えらい」などと漠然とほめるよりは、行動をほめることが効果的だと言われています。「漢字ドリルをやってるんだねぇ」などと、具体的に子どもがやっている行動を肯定的な雰囲気で指摘するだけで、十分にほめていることになります。

ところで、こういった場合に、「ドリルの進み方が速いねぇ」「たくさん書いたんだね」などと、速さや量に注目してほめることがあります。こういったほめ方を耳にしたときには、私は少し違和感を抱きます。速いことが素晴らしいことではないし、たくさん書いていることが素晴らしいことではないと思うからです。

こういったほめ方をしていると、勉強にゆっくり取り組んでいるときや、少ない量しか書いていないときには、ほめることができません。また、子どもによっては、量をこなすよりも、短い時間で少ない量に取り組むほうが定着につながる場合があります。たくさん書いて覚えるよりも、集中してゆっくり書くほうが定着する場合もあります。適切な勉強方法は、子どももそれぞれで異なるはずです。速いことや量が多いことが適切だとは限りません。いつも速いことや量が多いことをほめていると、速くて多いことが良いことだという基準を子どもに深く植えつけてしまうことにつながります。その子どもに合った適切な方法を伝えようとしても、子どもがその方法を受け入れにくい考え方を持つことを助長してしまいます。

では、どんなふうにほめるのがよいのでしょうか。私は具体的な学習内容に注目してそのことについて話すのがよいのではないかと考えています。

例えば、漢字ドリルをノートに書いているときには、書いている漢字に注目して「検査っていう字を習ってるんだ。ケンっていう字はたくさんあるから、どのケンかわからなくなったりするよね」などと言葉をかけます。子どもから「茨城県のケンとか、権利のケンとか…」などと反応が出てくると、最高の展開だと思います。学習に取り組んでいるその体験を、少しだけでも共有することにつながると思うのです。その声のかけ方が温かく肯定的であれば、学習するという体験そのものがプラスの体験として感じられるのではないかと考えています。体験が肯定的に感じられることによって、次の活動が促されるのです。

不登校の子どもでも同じです。家で勉強したなどという報告があることも多いと思います。そんなときは、具体的に何を勉強したのか、聞いてみることをおすすめします。例えば、子どもが「漢字」と答えたとします。そうしたら、「一文字でいいから、昨日やった漢字で何か覚えてるのはある？」などと聞いてみます。「『ケンサ』とか？」などと反応があれば、上述と同じように、「ケンサって、視力検査とか、身体検査とかの検査？」などと言いながら、その場で空書きをしてみせることが一つの方法です。「『ケンサ』の『ケン』って、きへん？　こざとへん？」などと聞いてみるのもよいと思います。一瞬思い出したり、空書きしてみるなどのやりとりが、子どもの漢字練習の体験を共有することにつながると感じます。

2 面接中盤〈かかわり編〉

一般に、悩みや問題に直面しているときには、考えが堂々巡りになったり、あるところから進まなくなってしまったりすることがよくあります。そのようなときは、視野を広げたり思考を進めたりすることを通して、悩みや問題に取り組んでいくことになります。

子どもとの面接でも同じです。主として面接中盤から子どもの視野を広げ思考を進めて、面接を展開していくことが求められます。しかし、子どもの場合には知識や認知能力が成長の途中にあるため、子どもの力だけでは、面接の展開が難しくなります。

こちらからのちょっとした働きかけを通して、面接が無理なく展開していけるような工夫が必要です。

小さな工夫31 思いついたことを話すよう促す

子どもを支援する場合、大人が主導してしまい、子どもが主体的に話をすることができなくなることがあります。

Ｋ男は小学校六年生で、欠席が続いています。相談室登校を始めましたが、緊張気味で口数も多くありません。三〇分程度の短い時間の面接を何度か持ちましたが、Ｋ男の口数は少ないままです。こちらは共通の話題を探りながら、テレビやゲームの話題を持ち出して話をしてみます。Ｋ男はうなずいたり返事をしたりはしますが、自分から話すことはほとんどありません。

こんなふうに、いつの間にか支援する側ばかりが一生懸命に話して、子どもはうなずいたり返事をするだけになっていて、大人主導になってしまっていることに気づくことがあります。当然のことですが、支援を受ける側が、言いたいことを言いたいように自由に話し、支援する側がそれに応じることが支援の原則です。

大人主導になっていると気づいたそのときは、実は非常に良いチャンスなのです。大人主導から抜け出し、子ども主導に切り替えることができます。そのための一つの方法が、思いついたことを話してもらうように促す働きかけです。

一つの言い方は、「急に思いついたこととか、思い出したこととか、関係ないけど言っておこうかなぁとか、何かありますか？」というものです。今までの話の流れや、こちらの意図を重視するのではなく、それとは関係なく、まさに自由に話してもらうことが大切です。そのため、「急に思いついた」とか「関係ないけど」などと前置きをして、話すように促すことが重要です。

こういった働きかけを行うと、多くの場合、子どもからこちらの話の流れとは違った話が出てきます。子どもが話してくれたことに肯定的に反応し、そこから子どもとのやりとりを立て直して、子ども主導で話をよく聞き、それに対応していくことができます。

また、こういった投げかけは、面接の最後に活用することもできます。子どもが話しそびれていたことを聞くチャンスになります。往々にして、重要なことは後回しにされてしまいます。面接の最後に本来の動機が語られることもあります。

小さな工夫32
子どもが黙り込んでしまうとき

こちらが何らかの質問を投げかけたときに、子どもが黙り込んでしまうことは、学校現場では意外とよく出会う場面です。子どもが反応できるような質問や投げかけを行うことが重要で、黙り込んでしまうような質問はそもそもおすすめできません。しかし、事情を確認する必要があることも多く、答えが得られそうもないと想像できても、質問せざるを得ない場合もあります。また、思いがけず、子どもが黙ったまま答えなくなってしまうこともあります。

高校二年生のL男は成績優秀で、校内では常に上位を維持していました。しかし、今回のテストでは、平均点を下回る成績でした。心配した担任の先生がL男を呼び出して、話を聞いてみました。テストの成績が思わしくなかったことを心配している旨を伝えると、Ｌ男は「仕方がないです」と答えました。担任の先生は、今回のテストに向けて勉強したのかどうかを確認すると、「まあそれなりに」と言葉少なく反応が返ってきました。「あまり思うように勉強できなかった？」と聞いてみましたが、反応がありません。そこで、「何か困っていることがあるの？」と投げかけると、Ｌ男はそのまま黙り込んでしまいました。

少し待ってから、担任の先生は「話してくれないと、どうしようもないよ」と話すように促しましたが、Ｌ君はそのまま黙り込んでいます。「話したくないの？」と確認しても黙ったままです。担任の先生は、このままでは今日は話を聞くことは難しいだろうと判断して、困っているときには相談するように伝えて終わりにしました。

反応が得られない働きかけを続けて行った場合、反応しないというパターンが生じて、やりとりそのものができなくなることがあります。また、黙ってしまったときには、「こちらに話したくないから話さない」ととらえ、子どもとの関係の問題だと思ってしまうかもしれません。私の経験では、話したくないわけではない場合がほとんどです。一つは、「そもそも考えたくない」と子どもが感じている場合があります。また、「どう話せばよいかわからない」という場合もあります。

子どもが黙り込んでしまったら、「もしかして、考えたくない感じ？」などと投げかけてみると、小さくうなずくなどの反応が出てきます。うなずいたら、「そうなんだね。突然、いろいろ考えさせてごめんね」などとこちらから返します。首をかしげるような反応の場合には「じゃあ、どう話せばというか、どこから話せばいいかわからない感じかな?」などと投げかけます。それに肯定的な反応が出てきたら、「自分では、いろいろわかっているのにうまく話せないんだね」と返します。

黙り込んでいても、子どもの心の中でいろいろと動きが出ていればよいのです。

小さな工夫33

つぶやいてほめる

学校現場では、自己肯定感が低い子どもや自己否定が強い子どもを支援することも多いと思います。そういった子どもを支援するときには、自己肯定感を高められるように、少しでも良いところを見つけて、ほめたり励ましたりすることも多いのではないでしょうか。しかし、かえって逆効果に感じてしまう場面があります。

高校二年生のF子は、中学生のときにいじめにあい、欠席が続いたことがあったとのことです。高校に入ってからもときどき欠席があるため、話を聞いてみることになりました。

F子は、いじめを恐れて、同じ中学校からの生徒が少ない高校を選んで受験して入学したとのことです。また、高校一年生のときには、友達をつくろうと思って自分から積極的に話しかけて人間関係づくりに努力をしたそうです。

Ｆ子の努力が感じられ、私からは「頑張ったんだね」「自分から話しかけるのは素晴らしいね」などと、Ｆ子の努力をほめるように働きかけました。しかし、Ｆ子は「努力なんかしてないし、してもだめなんです」「性格が暗いから結局だめなんです」などと言い返してきます。こちらからほめた理由などを説明しても、聞き入れません。ほめることで、自己否定的な部分を強めてしまうような印象も受けます。

こういったことが続く場合には、明確にほめるのではなく、小さな声でつぶやいてほめるのも一つの方法です。「いいねぇ」「すごいねぇ」「素晴らしいねぇ」などと、ごく短くつぶやきます。子どもに聞こえるか聞こえないかの音量でつぶやくのが効果的です。

ところで、一般的には、つぶやきは否定的な状況で出会うことが多いものです。目の前の人を非難する「ばかじゃないの」「だめだ」という言葉が、聞こえるか聞こえないかという音量でつぶやかれることが多いでしょう。言われた人は、なかなか反論することもできません。そしてボディーブローのように効いてきて、心に大きなダメージを受けてしまうのです。

ほめるためにつぶやくのは、それを正反対の方向で活用した方法です。こちらがつぶやいてほめると、子どもははっきりとは反論しにくくなります。そして、ほめ言葉が静かに深く、子どもの心にプラスの影響を与えていくのです。

小さな工夫34

思い出すきっかけをつくる

不登校の子どもの家庭訪問には独特の難しさがあります。一つは、なかなか会えないことです。会えても、会話が進まず沈黙がちになって、気まずい思いをすることがあります。そういったコミュニケーションの難しさに直面しがちです。

一般に、不登校の子どもの家庭訪問の場合、学校へ来るように働きかけるのではなく、雑談を続けて信頼関係を育てていくことが重要だと言われています。しかし、どのような雑談が効果的なのか、あいまいで迷うところです。また、家庭訪問した際に、手紙を置いてくることがありますが、そこに何を書くのかも迷うところだと思います。

中学校二年生のG子は不登校で、一年生の秋から学校へまったく登校していません。担任の先生は、二年生になってからG子を受け持ちました。週に一回程度家庭訪問していますが、G子とは一度も顔を合わせたことがありません。そのため、G子宛にごく簡単な挨拶を手紙に書いて置いてきています。二～三回に一回は、学校の行事の様子や出来事を手紙で伝えるようにしました。母親によれば、手紙は読んでいるが、G子からのコメントや反応はないということでした。

こんな場合には、どのようにかかわっていったらいいものかと迷うものです。家庭訪問や手紙の効果も確認できないため、家庭訪問への足も遠のいてしまうかもしれません。新学年になってから担任したため、お互いに相手をよく知らないという状況も、支援の難しさにつながっています。担任の先生とG子との良い相互作用が生じるような工夫が必要だと考えられます。

一つの工夫は、その子どもが身近に触れる可能性があるものを活用する方法です。その子どもの頭の中で担任の先生とのつながりをつくり、その子どもの日常生活の中で、先生を思い出してもらうきっかけとなるように働きかけるのです。例えば、次のような内容がおすすめです。

「G子さん、こんにちは。元気に過ごしていますか？　どうでもよい話ですが、この前、職員室で先生たちと雑談していたら、なぜか板チョコはメーカーごとに味が違うっていう話になりました。私は今まで違いを感じて食べたことはなかったのですが、○○先生が、違うって言い張って、○○（メーカー）の板チョコが一番おいしいって言っていました。G子さんは、板チョコの味の違いってわかりますか？　先生は今度食べ比べてみようと思っています」

もし、イラストが得意だったら、手紙の端に板チョコのイラストを描いておけば最高に良いと思います。

この働きかけ方のポイントは、チョコレートと担任の先生とを結びつけたことです。しばらくの間、G子はチョコレートを食べるたびに担任の先生を思い出すことになるはずです。

ところで、チョコレートは、身近で多くの人に好まれるお菓子です。しかも、メーカーによる味の違いや、その好き嫌いはあまりありません。手元にあればほとんどの人がどのメーカーの板チョコでも食べると思います。そのため、チョコレートとこちらが結びついても、あまり困ったことは起きそうにありません。好き嫌いの激しいものを使って同じように働きかけた場合には、若干のリスクがあります。特に、タレントやアイドルの話題を使うのは、リスクが大きいと思われます。同じアイドルを応援しているという場合は、自分が大切にしている存在を横取りされるような感覚を持つかもしれません。また、自分が嫌っているアイドルを応援しているという場合には、否定的な印象を持ってしまうかもしれません。好き嫌いがはっきり出るものではなく、身近で中立的な物事を使って、こちらと結びつけてみることをおすすめします。

また、手紙の最後に「板チョコの味の違いってわかりますか？　先生は今度食べ比べてみようと思っています」と投げかけたことも、面白い方法だと思います。「そんなに違いがあるのかな？」とか「私も食べ比べてみようかな」と思うかもしれません。また、次の家庭訪問のときに、食べ比べてみた結果を伝えることもできます。手紙をもらったG子も、結果を待っているかもしれません。

こんなふうに働きかけを行うことは、親近感を持ってもらうことにつながります。また、手紙は一方通行で、現実の言葉のやりとりは生じていません。しかし、G子の心の中では、こちらとの相互作用が生じていると思われます。G子にとっても、こちらと直接的にやりとりをしてみたいという方向に心が動いていくはずです。

なお、家庭訪問をして子どもと会える場合には、手紙ではなく雑談をすることもあると思います。雑談の中で同じような内容の話をすることにも、同様の意味があります。

小さな工夫35

常に肯定的に働きかける

　学校現場で先生方は、毎日のように子どもの困った行動や問題行動に直面していると思います。例えば、他の子どもにちょっかいを出して怒らせる子どもがいるかもしれません。また、廊下を走り回って遊んでいる子どももいるかもしれません。こういった場合、その行動を今すぐやめさせようとして、とっさに「やめなさい」などと強く指示することも多いと思います。

　一般的には否定文による指示は効果が少ないと言われています。具体的にどうすればよいのかがわからないため、行動の変化が起きないからです。そういった理解が広まってきて、今では常識となりました。例えば、以前は「廊下は走らない」という貼り紙があったものですが、最近では「廊下は歩こう」という貼り紙に変わっています。

　貼り紙だけではなく、子どもに働きかけるときにも、肯定文で働きかけることがきわめて大切です。例えば、「おしゃべりをやめなさい」という否定文ではなく、「お口を閉じて」などの肯定文で働きかけます。

　授業中に立ち歩いている子どもに対しても、「うろうろしない」と否定文で働きかけるよりも、「席に座ります」と肯定文で働きかけるほうが効果的です。しかし、働きかけたからと言って、子どもがすぐに自分の席に座るとは限りません。うろうろと歩き回りながら、「イヤです」とか「無理無理」などと口答えしてくることもあります。こういった場合も、肯定的にかかわり続けることがおすすめです。温かい雰囲気で「聞いてくれてるね」「ちゃんと伝わったね」などと言葉を返しておくことが効果的です。子どもが口答えしてきたということは、こちらの指示に反応するというパターンが生じています。それに対して、こちらが肯定的にかかわることは、こちらの指示に子どもが反応するというパターンを強めます。「聞いてくれてるね」と肯定的に返し、子どもの次の反応を少し待ってみることができます。

このような単純な言い方の場合ではなく、やや複雑な言い回しで考えてみます。それは二重否定文です。

例えば、「勉強しないと、高校へ行けないよ」などという言い方です。学校現場では非常によく耳にする言い回しです。「○○しないと、△△できない」という形で、否定文が一つの文の中に二回含まれています。二重に否定するため、文の全体としては肯定の意味になるという、わかりにくい言い回しになっています。

「勉強しないと、高校へ行けないよ」という二重否定文では、大人は、「高校に合格するために、もっと勉強してほしい」という気持ちで言っているのだと思われます。しかし、子どもはまったく意味を誤解していることがあります。つまり、後半部分の「高校に行けないよ」という部分のみが頭に残って、「私は高校に行けない」と理解してしまうのです。

また、論理的にとらえると、子どもが「私は高校へ行けない」と理解するのも無理もないと言えます。子どもは勉強に取り組んでいないために、「勉強しないと、高校へ行けないよ」と働きかけられているのです。子どもが自分自身を振り返ってみれば、「自分は勉強していない」わけです。言われたことを論理的にとらえると、「勉強していないから、高校へ行けない」という結論に達してしまいます。

こういったことから、二重否定文を使って子どもに働きかけたら、すぐに肯定文と肯定文が続いている形の文で言い直すことが求められます。例えば「勉強しないと、高校へ行けないよ」ではなく、「勉強して、高校へ行こう」などと働きかけることが大切です。

「勉強しないと、高校へ行けない」というのは、不安や焦りといった否定的感情につながる表現です。それを助長するリスクがあります。反対に、「勉強して、高校へ行こう」という表現は、自発性や積極性といった肯定的な姿勢につながる表現です。子どもの行動が引き出されていくことにつながっていきます。

実は、肯定文で働きかける、あるいは常に肯定的に働きかけるということは、単に指示が入りやすいという問題ではありません。「～ない」などと否定文で働きかけることには、単に行動をやめるようにという指示だけでなく、その子ども自身の存在を否定しているニュアンスがつきまといます。特に、二重否定文での働きかけは、子どもを非難しているように聞こえます。

つまり、否定文で働きかけるのではなく、常に肯定文を使って、肯定的に働きかけ続けるということは、子どもの存在を肯定していくことなのです。

小さな工夫36

子どもに反論したくなるとき

一般にカウンセリングでは、相手の話を受容的・共感的によく聞くことが重要です。学校でも同じで、子どもの話を受容的によく聞き、気持ちに共感することが求められます。

しかし、子どもの話を聞いていると、気持ちに共感するどころではなく、こちらから反論したくなることもよくあります。

例えば、子どもが学校職員への不満を話してきた場合も、受容的・共感的に話を聞くのが難しいときがあります。子どもの話を聞くよりも、こちらから同僚の考えや立場を推測して、それを子どもに説明し、子どもに理解を求めるような働きかけをしたりします。子どもが大人の立場や考えを理解してくれれば、子どもの不満や批判が解消するだろうと思うわけです。しかし、ほとんどの場合、子どもにはそういった変化は生じず、「自分の話を聞いてくれない」「わかってもらえない」などの不満や批判を強めてしまいます。

高校二年生のH子は、まじめで責任感の強い生徒です。学習には積極的ですが、ある科目の先生に対して批判的です。今回は、授業の進め方について強い不満を訴えています。小テストが多く、自分のペースで勉強できないとのことです。その先生に訴えたけれど、「〇〇先生は、全然、話も聞いてくれなくて、私のやる気の問題みたいに言ってくるんです。本当にひどいと思いませんか？」とのことです。こちらは「ひどい」とはなかなか同意できず、「〇〇先生は、もっと授業内容が定着できるように考えて小テストをやってるんだと思うよ」と説明してみました。Ｈ子からは「わかりました」との反応がありましたが、かえって不満を強めてしまった様子です。Ｈ子は、続けて「もういいです」と言って、立ち去ってしまいました。

残念ながら、こちらからのかかわりが逆効果になってＨ子の不満を強めてしまっています。

ところで、少し想像してみてください。Ｈ子が「本当にひどいと思いませんか？」と言わずに、「なかなか勉強が進まなくて、不安なんです」と訴えてきたとしたらどうでしょうか。この場合は、教科担当の先生の考えについて解説するのではなく、Ｈ子の不安という感情に焦点を当てて話を聞くような展開につながりそうです。Ｈ子が状況や他者について話すのではなく、自分自身の気持ちや考え方について話してくれれば、こちらも話を聞きやすいのです。「不安な気持ちなんだね」とＨ子の気持ちに沿ってやりとりを進めていくことができます。つまり、子どもが自分から自分の感情に焦点を当てて話してくれることが重要なのです。

しかし、子どもが自分から自分の感情について話してくれるとは限りません。Ｈ子のように自分以外の他人のことや自分が置かれている状況に焦点を当てて話をしてくる場合には、こちらから子ども自身の感情に焦点を当ててみることをおすすめします。

Ｈ子が、「ひどいと思いませんか？」とこちらに投げかけた時点で、「ひどいかどうか」にはこだわらずに、H子自身に焦点を当てて「H子さん自身としては、気持ちがモヤモヤするのかなぁ…？」などと言葉を返してみるのです。また、H子は「自分のペースで勉強できない」と訴えていますし、「やる気」という言葉に大きく反応しているようです。それを踏まえて、「やる気があるのに、勉強方法でモヤモヤするのかなぁ…？」と問いかけてみることもできると思います。自然と、「モヤモヤするんですよ」などと反応が返ってくれば、H子自身の感情や考え方に焦点を当てて話を聞いていく展開になります。

実は、こんなふうに子ども自身の感情に焦点を当てても、子どもは今までと同じように他者や状況について焦点を当てて話を続けてくることがよくあります。H子の事例では、「モヤモヤするのかなぁ…？」と働きかけても、「小テストもやけに難しい問題ばっかりなんです」などという反応が返ってくることがあります。その場合、自分自身の感情を表現することが十分に育っていないととらえ、その部分を育てていくことも考えていく必要があります。今子どもが問題として訴えていることを解決するのではなく、その問題の解決を通して、子ども自身が自分の感情を表現できるように育っていくことが重要になります。この場合も同様に、H子の感情に焦点を当てた働きかけを粘り強く続けていくことが求められます。

なお、こういったことは、先生など大人に対しての批判や不満だけにあてはまるのではありません。子ども同士のトラブルなどでも、他者や状況について焦点を当てるのではなく、自分自身の感情に焦点を当ててやりとりを進めていけるように子どもに働きかけることが重要です。

小さな工夫37

目印をつける

子どもの話を聞いているときに、小さな良い変化が生じているのに気づくことがあります。しかし、良い変化に焦点を当てて話を聞こうとすると、子ども自身から否定されてしまうこともよくあります。そういったリスクを避けるため、小さな良い変化に気づいた場合、ちょっとした目印をつける程度の反応を返しておくことをおすすめします。

中学校三年生のＩ子は、友達関係について悩んでいます。友人のＪ子が一方的で、自分は振り回されて疲れるとのことで、何度か相談を繰り返してきました。いつもＪ子の言動について詳細に報告してきて、「マイペースすぎる」「わがままだ」などと言います。基本的にＪ子の話に終始して、Ｉ子自身のとらえ方や気持ちについてはほとんど語られません。対処方法について、こちらから提案しても「Ｊ子には無駄です」などと拒否的です。

今回も、Ｊ子についての不満をいろいろと話してきます。「Ｊ子が、急に○○って言うんですよ。前は全然そんなこと言ってなかったのに…。私にしたら、『えっ!?』っていう感じなんですけど…」と不満げに語ってきます。続けて「私も深刻に考えないようにしたんですけど…」とのことです。こちらは「深刻に考えないようにした」というＩ子自身の対処方法が語られたことに少し驚きを感じ、パッと「ああ、考えないように…」と軽く言葉を返しました。Ｉ子はそれには反応せず、「さっきもやっぱり〇〇って言ってて、もううんざりなんですよ。本当にただのわがままなんですよ」と、いつものようにＪ子への不満を続けて語ってきました。

Ｉ子がわずかに語った自分なりの対処方法に焦点が当たらなかったのですが、それは必ずしもマイナスではないと考えられます。Ｉ子は、例えば、「お母さんから考えないようにしなさいって言われたから、そうしてみようと思ったんですね。それで、頑張って、考えないようにしようと思って、やってみたんですけど…」などと語ったわけではありません。つまり、自分なりの問題意識を持って「考えない」という対処方法をとったわけではないということがわかったのです。Ｉ子の心の中で焦点は対処方法に当たっているのではなく、Ｊ子に当たっているのです。

こういった状況で、「考えない」ことを対処方法として取り上げ、「考えないようにしたのは、自分なりの工夫だね」などと明確にしてしまうと、Ｉ子から「何をやっても無駄なんです」などと、明確に否定される可能性があります。対処方法に目を向けることについて、こちらが説得しなくてはならない状況に陥ります。実際は「考えないようにした」という対処方法を自然に行っているのに、それが無駄であるという印象を強めるだけに終わってしまいます。

このような場合は、やりとりの中で紹介したように、「ああ、考えないように…」などと軽く言葉を添えておくことをおすすめします。私の実感では、Ｉ子の言葉にピッと付箋を貼っておくような感覚です。必要があればあとで戻ってこられるように、目印をつけておくのです。

目印は、はっきりとは気づかれない程度のものが一番よいでしょう。本人がそのものの重要性には気づいていない段階で、目印だけがはっきりと目立つようだと、目障りに感じられます。目印が取り除かれてしまう可能性もあります。ほんの少し、一瞬だけ、心の中に印象が残る程度の目印をつけておくのが、この段階では一番適切なことのように感じます。

3 面接中盤〈アドバイス編〉

子どもとのカウンセリングの中では、子どもたちからさまざまなことについてアドバイスを求められることがあります。例えば、友達とのトラブルに関して、自分から謝ったほうがいいのか、そのままにしておいたほうがいいのかなどときわめて具体的な問題に関して、「どうしたらよいか」と質問されることがあります。

高校一年生のK子は、友人のL子から休み時間などに常に話しかけられて困っていると、相談室に来ました。K子は、常にL子の相手をしなくてはならない状況のため、負担が大きいと訴えます。「L子は休みがちなので、自分が相手をしてあげないと、学校へ来られなくなるのではないかという心配もある。本当は自分のやりたいことを優先したいのだけれど、仕方なくL子に付き合っている面もある」と言います。K子は、スクールカウンセラーに「どうしたらいいんでしょうか?」と疑問を投げかけてきました。

こういった場合、こちらとしては大変困惑します。カウンセリングは、基本的には、相談に来た人が自分で考えることを支援するものです。困っていることについて具体的なアドバイスをすることは、カウンセラーの専門的な立場を自分からないがしろにしてしまっているように感じるものです。そのため、アドバイスを求められた場合でも、アドバイスをすることにはためらいを感じます。また、カウンセリングの中で実際にアドバイスをした場合、カウンセラーとしては、子どもとのやりとりの展開やその結末に納得がいかないことも多いと感じます。

例えば、K子に対して、「それとなく、L子を避けるようにしてみたら」などとアドバイスした場合を考えてみます。K子からは、「L子が休むようになったら、どうしたらいいんですか？」「もしL子が休むようになったら、私が悪者になるんじゃないですか？」などと、さらなる疑問が出されることが大半です。そして、「そういうときはどうしたらいいんですか？」などと、さらにアドバイスを求められるかもしれません。「L子のことをほうっておくと罪悪感も出てきちゃうんですよ、そういう単純な問題じゃないです」などと反論されることもあります。あるいは、K子がそのまま黙ってしまうこともあります。その場合、こちらから何か違うアドバイスをされるのをK子が待っているように感じられます。そして、こちらが必死で考えて提案しなくてはならないような状況に陥ってしまいます。子どもが考えるのを支援している関係ではなく、支援する側だけが一生懸命考えていて、子どもはそれを待っているという関係に陥ってしまいます。これでは、子どもの支援にはなっていないと思われます。

また、自分自身で考えてもらおうと思い、「どうしたらいいですか？」という質問に対して、「自分ではどう思っているの？」「自分自身ではどうしたいの？」などと質問で返す方法もあります。

しかし、こういった返し方をした場合、子どもからは「えー、それがわからないから聞いてるんです」とか「うーん、わからないです」などと、不満げな様子で否定的な反応が返ってきがちです。そして、それ以上話が進まなくなってしまうことも多いように思います。

また、カウンセラーという立場としても「自分ではどう思っているの？」と返すのは、子どもがこちらに向けてきた期待をパッと切り捨てているような感覚も生じます。子どもの期待を切り捨てたいわけではないため、こういった言い方では、応答しづらいと感じます。

このように、子どもからアドバイスを求められたときにどんなふうに反応したらよいのか、大変迷ってしまうことと思います。どんな工夫があるか、考えてみましょう。

小さな工夫38 質問をいったん受け取る

「どうしたらいいですか？」などとアドバイスを求める質問を投げかけられたら、その質問をいったん受け取ることをおすすめします。

例えば、「そういうときは、どうしたらいいんだろうねぇ…」などと、相手の質問を心の中で反芻するようにしながら、子どもが投げかけた質問を声に出して繰り返してみます。子どもからの質問の内容（答え）にかかわっていくのではなく、子どもが迷ったり悩んだりしている姿勢にかかわっていき、その姿勢をサポートするような感覚で声を発します。

そうすると、ほとんどの場合、自分自身で考えを進めていくような反応が子どもから生じてきます。K子の事例でいうと、「本当は、L子自身が、私以外の人にもっと話しかけるようにしないといけないと思うんですよ。私が相手してくれるからって、そこばっかりだと、L子自身のためにもならないし…」などと、問題意識が広がってくるかもしれません。そうすると、「単純にK子さん自身の負担が大きいからというだけじゃなくて、L子さんにとってももっと良い方法が見つからないかなぁってことなんだね」などと応答することができます。

K子が、自分がL子の相手を「するか／しないか」という二者択一の視点で考えている場合には、なかなか進むべき方向を見つけることもできませんが、問題意識が広がっていけば、自然と進むべき道が見つかります。

このように、出された質問の内容（答え）ではなく、「どうしたらいいんだろうねぇ」とその質問をいったん受け取ることで、子どもが自分で悩み考える姿勢をサポートすることが良い展開につながります。

小さな工夫39
目的地を聞く

アドバイスを求められたときには、「どうしたらいいか」という方法に焦点が当たりがちです。しかし、一番大切なことは、子どもがどちらに向かうかということです。

ちょっとしたたとえ話ですが、旅行に行くことで考えてみましょう。知人から、「家族から、次の三連休にどこか旅行に連れていってと言われてるんだけど、どうしたらいいと思う?」と質問されたと考えてみてください。どんなふうに答えるでしょうか。

「どんなところに行きたいの?」とか「今までどんなところに行ったの?」などと、目的地について考えてみるような投げかけをするかもしれません。

先の事例で、K子に対して「それとなく、L子を避けるようにしてみたら」というアドバイスの例を挙げました。このアドバイスは、旅行について相談してきた知人に対して「電車に乗ってみたら」とアドバイスするようなものです。目的地がわからないのに、いきなり交通手段(方法)をアドバイスしているのです。当然のことですが、目的地が決まってからそこまでの交通手段を考えることが一般的な順序です。まず、目的地を考えることが大切です。

しかし、K子の場合、「どうしたいの?」と質問してみても、K子が自分から考えることにつながりにくいことを述べました。「自分で考えなさい」と切り捨てられた感じが生じるためだと考えられます。つまり、まずは目的地を一緒に考えていく姿勢が重要だということです。

目的地を考えるためには、解決志向アプローチの考え方や技法が役に立ちます。例えば、ミラクルクエスチョンは、最も理想的な状態について尋ねる質問です。一般的には、「眠っているあいだに奇跡が起こり、問題が解決してしまったとします。そうすると翌日はどんな様子でしょうか?」(森・黒沢、二〇〇二)という言い方です。もちろんこの言い方で質問してもよいのですが、質問の仕方にこだわる必要はないと思います。理想的な状態について質問してみればよいのです。

例えば、「K子さんとしては、一番理想的な状況っていうのはどんな感じ？」などと聞いてみるのも一つの方法です。私は、「こうだったらいいのに、とか何か考えていることってある？」と質問してみることもあります。

このように質問したとき、「L子が学校からいなくなってほしい」などといった、身もふたもないような希望が語られることはほとんどありません。「誰か、別のクラスメートもL子に話しかけてくれたら助かるんだけど」などという理想像が語られることが多いように感じます。

子どもの語る理想像は、こちらの想像の範囲を超えていることが多いのです。子ども一人一人の個性や歴史などがその中に生きていると感じます。単に悩みや迷いを解決することではなく、子ども一人一人の自分らしい生き方の実現につながっているように思われます。

以上のように、こちらが勝手に目的地を設定したり、目的地もわからないまま交通手段をアドバイスしたりすることは良い支援とは言えません。子ども自身が、今直面している状況を通して自分自身の生き方や自分の個性を活かすことを考えていくことが重要なのです。その一つの方法として、目的地を聞いてみることが役に立つように思います。

小さな工夫40
アイディアとして伝える

今まで述べてきたように、どうしたらいいかアドバイスを求められたときであっても、「〇〇したらよいと思うよ」などと具体的なアドバイスを行うことは、あまりおすすめできません。それでも、アドバイスをしたいと感じる場合には、どのようにすればよいでしょうか。

そのための小さな工夫は、アドバイスとしてではなく、アイディアとして言うことです。アドバイスには、「そうするべき」という強制力がつきまといます。そのため、場合によっては子どもからの反発を助長してしまうことがあります。また、子どもの自由な発想や発言を封じ込めてしまう危険性もあります。

「そうするべき」という強制力を弱めて、一つのアイディアとして伝えることができたら、子どもと一緒に考えるための題材とすることができます。

そのためには、「これはアドバイスではなくて、一つの思いつきなんだけど…」などと前置きをしてからアイディアを伝えることも一つの方法です。あるいは、「もし、○○をやってみたら、どんなことが起きそう？」などと子どもと一緒に考える姿勢を示しながら、アイディアを伝える方法もあります。

ところで、アイディアとして伝えることは、関係を維持する点からも効果があります。アドバイスを受け入れない場合、アドバイスをした人自身を拒否するニュアンスが生じます。一方、アイディアの場合は、受け入れない場合でも、一緒に考える姿勢は保たれるため、こちらとの関係そのものは維持されるのです。

アドバイスをするのではなく、一緒にアイディアを出し合って、良い方法を一緒に考える関係を保っていくことが、関係の安定と子どもの成長につながるのです。

小さな工夫41

すでに受けたアドバイスを聞く

学校現場での子どもの支援や教育は、チームで行うことが基本とされるようになりました。カウンセリングも「チーム学校」としての連携や協働の中で行われることが重要だと言えます。担任の先生からのすすめで子どもがカウンセリングの申し込みをしてきた場合でも、面接の前にその子どもについて担任の先生の問題意識を聞いておき、面接のあとには担任の先生に報告を行うことは、チームとしての連携のためには必要な手順だと考えられます。

これは、子どもが担任とスクールカウンセラーの板挟みになって困惑したり、両者から整合性のない働きかけを受けて混乱したりすることを防ぐという意味があります。つまり、「チーム学校」としての連携・協働は、子どもが教員やスクールカウンセラーなどの多職種から受ける支援の整合性を保ち、支援の効果を高めるためのものです。

しかし、スクールカウンセラーの勤務時間は週に八時間程度と限られている場合がほとんどです。また、担任の先生方も日々忙しくされているため、事前や事後の連携はなかなか実現しません。このように、連携・協働は、必要性は高くても、実際にはちゃんと行われていないという実情があります。

そういった場合には、子どもと、これまでに受けた働きかけを整理するかかわりを持つことをおすすめします。今回相談に来る前にどのような働きかけやアドバイスを受けてきたのかについて、子どもから話を聞き、それについて一緒に考えていく方法です。

M子は中学校三年生で、同級生との人間関係について悩んでいます。担任の先生に相談していたのですが、なかなか悩みが解消できず、担任の先生からすすめられて相談室に来ました。M子は、仲の良いN子から同じ高校を目指そうと言われているのですが、どうしたらよいかわからないとのことです。話を聞いていくと、N子のことは好きだけれども、もっと違うタイプの人とも友達になりたいということや、高校の選択そのものに悩んでいることなども語られました。

担任の先生のすすめでの来談ですので、担任の先生からどんなふうに言われているかを確認すると、「せっかく誘われたのだから、N子と一緒に頑張ったらどうか」と言われたとのことでした。「他にも誰かにアドバイスとか、もらったりしたの？」と確認してみたところ、「母にそれとなく話してみたら、高校は友達と同じというよりも、自分が主体的に考えて選んだほうがいい」と言われたそうです。また、部活動の顧問の先生からは、「N子と同じ高校に行ったとしても、また別な新しい友達ができることが多い」と言われたとのこと。M子は、「なんかみんな、言うことが違うから…」と困惑気味でした。

そこで、アドバイスの背景や理由について、一つ一つ確認してみました。担任の先生は、「N子と一緒に頑張れば成績も上がるよ」とも言っていたそうです。「N子と同じ高校をすすめられたの？」と確認すると、「同じ高校とは言ってなかったけど、勉強のやる気が出るかもと言っていた」とM子が話しました。こんな感じで、母親や部活動の顧問の先生からのアドバイスについても考えていくと、「母は、友達と一緒に勉強するのはいいけど、高校選択は自分で決めたほうがいいと言いたかったのかも」「顧問の先生は、高校に入ったら、今考えていることとは状況が違ってくるということかな」などとM子は語り、自分で考えを進めていきました。そして、「とりあえず、一緒に勉強してみて、高校のことはまた考える」という結論にひとまず至りました。

学校は、多くの大人と子どもがかかわり合いながら生活している場です。一人の子どもに対して、さまざまな立場や視点からの働きかけが行われることが、ごく自然なことです。その中で、チームとして連携・協働して子どもを支援していくことができれば、それは素晴らしいことです。連携・協働はさまざまな制約から実現できないこともあります。その場合でも、子ども自身がさまざまな働きかけを自分の中で整理して位置づけていくことができれば、多くの人から支援を受けることは、子どもにとってプラスになる部分が多いのではないでしょうか。

小さな工夫42

特にアドバイスを避けるべき状況

以上のように、アドバイスはできるだけ行わずに一緒に考えていく姿勢を保っていくことが重要です。さらに、特にアドバイスを避けなくてはならない状況もあります。それは、子どもが何らかの被害を受けている場合です。
いじめや虐待、暴力などの種類を問わず、何らかの被害を受けている場合には、被害者が自分自身を責めてしまうことが知られています。被害者には非がないにもかかわらず、自分で自分を責めてしまうのです。

何らかの被害を受けている子どもが、できるだけ被害を避けようと、自分でできる対処を考えることは自然なことです。しかし、被害の話を聞いた大人が、その子どもに対処方法をアドバイスすることは、被害者が自分自身を責めるのを助長することにつながりやすいのです。アドバイスは、必ずと言っていいほど、子どもの「自分が対処しなくてはならない」という思いを強めてしまいがちです。その思いは、子どもの孤立感を高めてしまいます。

また、アドバイスを実行しても、状況が良くならない場合には、子どもの無力感を強める可能性もあります。アドバイスを実行できない場合には、「そうできない自分が悪い」と、さらに傷つきを深めてしまう可能性も高いでしょう。

本来、重要なのは、被害者が対処することではなく、加害者による加害行為をなくすことです。被害者が対処しなくてはならないという事態を前提とせず、加害者の加害行為に焦点を当てた対応が求められます。つまり、被害者に対処を求めるアドバイスは本質的ではないのです。そのことを、被害を受けている子どもにしっかりと伝えることが大切です。ただし、加害者への対応が間に合わない場合の緊急避難として、被害を受けている子どもに対処が必要だということを伝えなくてはならないこともあります。

こらむ 6

担任の声に反応している子どもたち

スクールカウンセラーとして、授業中の子どもたちの様子を観察していて、非常に興味深い現象に出会ったことがあります。それは、小学校二年生の授業でした。その授業は、翌日の行事に備えて、学年（二クラス）合同で、当日の行動や注意事項を確認する時間でした。低学年ということもあってか、または、翌日の行事でウキウキした気持ちなのか、子どもたちはざわざわと落ち着かない感じでした。

しばらく見ていると、面白いことに気づきました。子どもたちは、自分の担任の先生が話しているときには落ち着いて聞いていて、別のクラスの先生が話しているときにはざわざわしているのです。学年二クラスの合同でしたから、常に、どちらかのクラス（全体の半分）がざわざわしている状態になっていました。子どもたちは、無意識に自分の担任の先生の声を聞き分けて、その声に反応して聞く態勢になっているのだと考えられます。

ところで、どんな大人が話しているときにでも常に聞く態勢になるというのは、低学年の子どもたちにとっては不自然なことだと思います。この年代の子どもたちにとっては、身近な大人との信頼関係を持つことが重要な発達課題です。社会的な場面を理解して自然と適切な行動をとるように求めるのは、まだまだ早いように思います。ですから、別のクラスの先生が話しているときにざわざわしてしまうのは、ある程度仕方のないことです。それよりも、自分の担任の先生と相互作用のある関係性が構築されているということが、根本的には重要だと感じました。もちろん、別のクラスの先生が話しているときにも聞く態勢となるように成長していくことは重要で、「集中して聞くように」などという指導は必要です。

上述の理解をもとにすると、「聞くように」という指導に、一つの工夫が思いつきます。話している先生の指導よりも、話していない先生の働きかけが重要になると考えられます。

例えば、別のクラスの先生が話しているとき、担任の先生は、話している先生の斜め後ろなど、自分のクラスの子どもたちから見える位置に立ちます。そして、別のクラスの先生の話のポイントに合わせて、大きな動作でうなずきます。自分のクラスの子どもたちの何人かは、担任の先生の様子を目にして、集中して聞くように促されるはずです。もし、聞くように注意する場合には、話している先生のクラスの子どもに対して「○○クラスの皆さんは集中して聞いていますね」と全体に聞こえるように指摘すれば、自分のクラスの子どもも、無意識に声に反応して聞く態勢になる可能性があります。もちろん○○クラスの子どもたちは、言葉の内容に反応して聞く態勢になる可能性が高いと思われます。

どんなときにも、相互作用のある関係性を通して働きかけをしていくことが、無理がなく効果的ではないかと思います。

第5章

面接終盤編

学校現場では、相談室のすぐ外は学校生活の日常場面です。子どもとの面接が終わる時間が近づいた段階では、子どもを日常生活に戻していくことが求められます。また一方、子どもとこちらとでやりとりを重ねて面接を進めてきたわけですから、そのプロセスを定着させることも必要です。

つまり面接の終盤には、面接をまとめ、日常へつなげていくためのかかわりが必要となります。そのための工夫をいくつか紹介します。

小さな工夫43

箇条書きでメモして、わかったことを言ってもらう

問題行動やトラブルへの指導・支援を行っても、子どもの良い変化につながっていないと思うことがあります。その場合、子どもを指導・支援する大人の側としては、「指導がしみ込んでいかない」「心まで響いていかない」などという印象を持つことが多いと思います。似たような問題やトラブルが生じ、また同じような指導・支援をすることになり、前回の指導・支援が無駄だったような感覚に陥りがちです。

こちらとしてはしっかりと伝えたつもりであっても、子どもまではしっかりと伝わっていないと考えられます。その背景については、さまざまな場合があると考えられますが、伝わるように工夫していきたいものです。

その工夫の一つが、指導や支援の途中で、重要なことを子どもに見えるように箇条書きにメモしていくことです。子どもの目に入りやすいようにＢ５判かＡ４判の用紙に、大きめの文字で書くとよいと思います。全体をわかりやすくまとめたり、つながりや関係を図示するようなメモでなくてもＯＫです。そういうメモを書こうとするとハードルが高くなって書けなくなりますから、箇条書きでメモするだけで十分だと思います。そのメモは、指導する側が記録として利用するのではなく、その場で話し合っている内容をとどめておくために利用します。一つのテーマについて話し合ったら、それが一段落したときに、「○○について」と紙に書きます。書き終わったら、子どもから見えやすい位置に紙を置き直します。また、次のテーマについて話し合って、そのテーマを同様に箇条書きで「△△について」と書きます。そして指導や支援の最後に、そのメモを見ながら、「今日は、○○についてと、△△についてと、□□について話し合いました」などと再確認するとよいでしょう。カウンセリングの場面でも活用できる方法です。

もう一つは、指導や支援の最後に、わかったことを言ってもらう時間をつくることです。指導や支援が長くなると、子どもは集中力が続かなくなり、指導や支援の内容が頭に入っていない場合もあります。また、表面的にわかったつもりになっていても、理解が深まっていない場合もあります。さらには、子どもが指導や支援の内容がまったくわからないと思っているのに、黙ってこちらの話を聞いている場合もあります。こちらが伝えるべきことを伝えたとしても、本当に理解できているとは限らないのです。このようなとき、子どもから「わかりません」などという反応があることはきわめてまれです。「はい」「わかりました」などと返事をしながら指導や支援を受けていることがほとんどです。こちらも、肯定的な返事が返ってきていることから、指導や支援がうまくいっていると感じがちです。

こんなふうに大人と子どもの間で、コミュニケーションのずれやすれ違いが生じがちです。ですから、「はい」「わかりました」という子どもの言葉に応えて、何がわかったのかを言ってもらうのも一つの方法だと考えられます。指導や支援の最後のほうで、「今日の話し合いで、どんなことがわかったか教えてください」などと働きかけてみてもよいでしょう。子どもが「えーと」などと口ごもって、うまく言えない場合には、その子どもはわかっていないのだと考えられます。その場合、重要なポイントを簡潔に要約して伝え直してみることが求められます。箇条書きのメモも活用して、ポイントを示しながら結論を伝え直すのも良い方法です。

小さな工夫44 覚えさせる

「いじめ」などの対人関係のトラブルでは、加害的な行為をした側の子どもを叱るだけの指導では不十分です。相手の気持ちを理解できるように支援していくことが必要です。しかし、被害を訴えている子どもの気持ちや受け止め方を理解するのが難しい場合があります。

小学校五年生のM男は勉強が得意で、授業でも率先して発表するなど積極性もあります。また、明るい性格で、ギャグを言って友達を笑わせたりすることもよくあります。一方、やや独りよがりなところもあり、他の子どもの気持ちや立場に配慮せず、自分の考えの正しさを主張して譲らないこともあります。

ある日、同じクラスのN男から、M男にいじめられたとの被害の訴えがありました。N男によれば、みんなの前でM男から「ハゲ、ハゲ」と何度もからかわれて、イヤな思いをしたということです。何度も「やめて」と言ったけれどもなかなかやめてくれなかったそうです。

そこで、M男から話を聞きました。M男は率直に話をしてくれて、おおむね事実関係は確認できました。M男の反応がよかったので、N男がいじめられていると感じたことを伝えました。しかしM男は「いじめではなく、遊び」と主張してきます。先にN男がM男のことをあだ名で呼んできたから、M男もN男に「ハゲ、ハゲ」と言ったとのことです。「そうやって、言い合いをして遊んでいた」と言うのです。「ハゲ、ハゲって言われるのは、N男くんは、すごくイヤだったんだって」と伝え、「イヤな気持ちになって、心が傷ついたんだよ」と説明しました。しかし、M男は、いじめではなくて遊びで言い合っていたと主張し続けます。こちらから「(そのときには) 思わず、言いすぎちゃったっていうことはない？」と確認してみたのですが、「そんなことはない」という反応です。

こちらが理解してほしいことを伝えても、M男自身のとらえ方の変化にはつながっていません。話し合いが平行線の状態になっています。厳しく叱りたいところかもしれませんが、叱っても、

M男が相手の気持ちを理解できるようになるとは言えません。大人への反発を強めるだけで、本質的な解決にはならない可能性が大きいと言えます。M男の成長や変化につながる働きかけがよくわからないだけではなく、話し合いの着地点もわからない状況です。

こんなときには、M男が理解を深められるように進めていくよりも、M男が覚えることを着地点として話し合いを進めていくことも一つの方法ではないかと思います。

例えば、「『言った人は傷つける気持ちではなくても、言われた人が傷ついてしまうことがある』ということを覚えておいてね」などと、一般論として覚えておくように働きかけます。この提案に抵抗がなければ、「『今回のことでは、N男くんは傷ついた』ということも覚えておいてもらえる？」などと働きかけてもよいかもしれません。この場合は、一般論ではなく現実に即した内容のため、M男から不満げな反応や反論が出てくることもあり得ます。その場合は説得しようとせず、「先生は『M男くんが傷つけるつもりではなくて遊びで言っていた』ということを覚えておくから、M男くんは『N男くんはイヤな思いをして傷ついた』ということを覚えておいてくれますか？」と働きかけます。

子どもに学習指導をする場合、学習内容の理解を深められるように指導することが原則だと思います。しかし、それが難しい場合には、ひとまず覚えておくことを促すような指導をすることがあると思います。例えば、数学の公式もその原理を理解して使用することができれば素晴らしいのですが、理解できていなくても覚えていれば使うことができるのです。対人関係の指導でも同じことが言えます。理解できていなくても、対人関係の法則を覚えておくことができれば、実際に使うことができるのです。

したがって、覚えさせる指導をした場合は、復習をすることが大切です。後日、「この前、覚えてねって言ったことはまだ覚えてる？」などとM男に確認してみることが重要です。当然のことですが、覚えていたらほめることが大切です。

また、万一トラブルが生じてしまった場合には、覚えていた（はずの）対人関係の法則を思い出したかどうかを確認することがきわめて重要です。思い出していた場合には、せっかく記憶したことを活用できなかったということになります。活用するためには、どうすればよいのかを一緒に考えることが必要です。反対に、思い出していなかった場合には、どの場面で思い出したらよかったのか、思い出したらどんなふうに行動が変わったかなどを考えさせることができます。

以上のように、理解させるような指導が基本ですが、それが難しい場合には、覚えさせるような指導をするのも一つの方法です。その場合、後日の指導にその覚えた内容を活用していくことが重要です。

小さな工夫45 他の教職員にどう報告するか、子どもに確認する

子どもとの面接やカウンセリングが終わった段階で、支援する側が担任の先生など他の教職員に報告する内容を、子ども自身に確認することをおすすめします。

「チーム学校」として連携することを考えると、学校の中で情報を共有することはきわめて大切です。しかし、カウンセリングに守秘義務はつきものです。個別の面接やカウンセリングを行う場合には、そのジレンマの中で迷うことが多いと感じます。ジレンマを解消するために、何を伝えてよいのかを、子どもに確認することが効果的です。子どもから了解が得られた情報は、安心して関係する教職員に伝えることができます。

実は、どう報告するのかを子どもに確認することの重要性は、それだけではありません。子ども自身の成長につながる働きかけとしての側面があります。

学校は多くの大人と子どもがかかわり合う生活の場です。そして、さまざまな人間関係がそこで生じています。その人間関係の中で、子どもたちは、自分が他者からどのように見られているかということを気にするものです。しかし、他者からどう見られているのかということは、自分自身をどのように見せている（伝えている）のかという側面と切り離すことができません。他の教職員にどう報告するのかを確認することは、自分を他者にどう見せるのかを考えることにつながります。それは、学校という場での生き方を考えることでもあります。

高校二年生のO男は、友人関係で困っているとの訴えで、自分から相談室に来ました。話を聞いていくと、P男から休み時間などに身体的特徴をからかわれることが多く、ふざけた様子でお腹にパンチをしてくることもときどきあるとのことです。O男は言い返したい気持ちはあるけれど、笑ってごまかしてしまうことが多いと言います。

まずは、Ｏ男が自分から相談に来たことをねぎらい、気持ちをよく聞くことを心がけました。Ｏ男は非常につらい様子で話していましたが、話をする中で気持ちが回復している様子も感じられました。そこで、Ｐ男がからかってきたときにどんなふうに対応するかについて、一緒に考えました。そして、Ｏ男が自分でチャンスを見つけて、クラスの他の友達に「Ｐ男が言ってくるのがストレスだ」「さすがにひどすぎる」などと軽く伝えてみることにしました。

なお、「いじめではないか？」と確認したのですが、Ｏ男は「自分としては、いじめだとは思っていない」と言います。支援する側としてはもう一度、「いじめ」として教職員がしっかりと認識して対処していくことが重要だとＯ男に働きかけてみました。しかし、Ｏ男は「いじめられていると思われるのはイヤ」「話が大きくなると困る」とのことで、教職員での情報共有については受け入れませんでした。

「いじめ」としてとらえ、学校として対処する必要があると考えられる場面です。しかし、子ども本人が「いじめではない」と主張し、しかも情報の共有を希望していません。そのため、他の教職員に情報を伝えることが難しくなっています。しかし、この情報を相談室だけでとどめておくことは、必ずしも適切とは言えません。どのように対応したらよいのか大変迷う状況です。

ここで、Ｏ男が自分自身を他者にどのように見せていくのかという視点に立って、どのように他の教職員に報告するのかをＯ男に確認するのが一つの方法です。

「いじめられている自分」ではなく、「友人関係のストレスに対処している自分」ということを伝えることは、O男も納得するかもしれません。「もし先生に伝えるとしても、『いじめられている』というのは、なんか違う感じなんだね」とO男に話すと、おそらくO男は同意すると思われます。そして、「こんなふうに伝えてほしいとか、なんか思いつく?」と投げかけてみることができます。さらに「P男がストレスになっているっていうのは、わかってほしいところじゃない?」と聞いてみてもよいと思います。それに同意が得られれば、「そのストレスにどう対処したらいいか、自分なりに問題意識を持って一緒に考えています」と伝えることについて、提案して確認してみる方法があります。

なお、こちらがO男のことを関係する教職員に伝えるのではなく、O男自身に報告に行くように促すのも良い方法だと考えられます。特に高校の場合、カウンセリングを受ける時間は公欠扱いされるため、利用したことを自分で報告することも公的な手続き上、意味があります。

どのように報告するのかを一緒に検討することは、子どもが自分自身の姿をどのように理解してほしいのかを検討することです。それは、学校の中での自分自身がどう生きていくのかということにつながっています。そして、自分らしく生きることの一部分でもあります。報告することは、単にチーム学校のためだけではありません。子どもと一緒に生き方を考えていく入り口になるのです。

小さな工夫46

「良いところがたくさんある」と伝える

学校で子どもを支援していると、どうしても子どもを肯定的に見ることができない場合があります。それでも、子どもに対して肯定的にかかわり続けることが重要です。しかし、肯定的に見ることができない子どもに対して肯定的なかかわりを行うことは難しいかもしれません。そういった場合におすすめするのは、「あなたには良いところがたくさんある」と伝えることです。

例えば、子どもが自分自身のことや悩みについて一通り語って一息ついたときに、「あなたの話を聞いて、あなたには良いところがたくさんあるなぁと思いました」と伝えるのです。また、子どもが問題行動を起こして、厳しく指導したときにも、最後に「あなたには良いところがたくさんあるよ」と伝えます。根拠や具体的な事実を把握していなくても、「良いところがたくさんある」と伝えるのはおすすめの方法です。私たちが知っているその子どもの姿は、その子どものごく一部です。すべてを把握しているわけではありません。つまり、その子どもの「良いところ」を把握していないからといって、それは「良いところ」がない証拠とはなりません。

また、その子どもが今まで生きてきて、私たちの目の前にいるということは、さまざまな能力や努力の一つの結果です。そういう意味で、子どもには、必ず「良いところ」があるのです。ぜひ、自信を持って「あなたには良いところがたくさんある」と伝えてください。

もし、子どもが「良いところってどこですか？」などと質問してきても、まったく慌てる必要はありません。一つの方法は、「あなたには実は優しいところがあるね」と伝えることです。さらに根拠を求められたら、「なんとなく優しさが伝わってくるよ」と伝えます。もう一つの方法は、「あなたには賢さがあるね」と伝えることです。さらに根拠を求められたら、「あなたみたいに自分なりにいろいろ考えるのが本当の賢さだよ」と伝えます。

小さな工夫47 「応援しているよ」と伝える

子どもを支援しようとしてかかわっても、そのかかわりがうまく進んでいくとは限りません。相談の終盤になっても、良い方向性を見出せなかったり、良い対処方法がわからなかったりすることもあります。子どもは、相談してよかったと感じられなかったかもしれません。こちらも、うまく支援できなかったと感じることもあるでしょう。しかし、そういった場合でも、肯定的なかかわりを維持したいと思います。

ただし、相談の終わりに「頑張ってね」などと伝えることは、子どもの負担感や孤立感を強めてしまうリスクがあります。子どもが直面している悩みや問題は、その子どもだけに取り組みが求められるものではありません。学校は、多くの大人と子どもがかかわり合って生活している場所です。子どもの直面している悩みや問題は、すべて周囲との相互作用の中で生まれています。

したがって、本来はその子どもだけではなく、周囲のかかわりやサポートも求められるものです。「頑張ってね」と伝えることは、その子どもだけが努力するべきだという印象や雰囲気を強めてしまい、その子どもの負担感や孤立感を強めてしまうリスクがあるのです。

また、子どもたちは、相談に来る前から、すでに自分なりに一生懸命頑張っていることがほとんどです。さらなる頑張りを求めることは、子どもには酷なことのように思います。

しかし、相談を通して子どもの成長を支えていくためには、子ども自身の主体的な取り組みが一番大切ではあります。こちらが「子どもの力になりたい」とどんなに強く思っても、現実を変えてあげることも、子どもの代わりに何かをやってあげることもできません。相談室で話をよく聞き、深く共感でき、子どもの肯定的な側面を発見できたとしても、最終的に現実の問題に対処するのは子ども自身です。そして、相談を終えたときに、子どもを日常生活の中へ送り出さなくてはなりません。つまり、根本的には、大人は子どもを応援することしかできないのです。

そうしたことを踏まえると、相談を終えるときには「頑張ってね」と伝えるよりも、「応援しているよ」と伝えるのがよいと思います。例えば、友達関係で悩んでいる子どもには、「あなたの思いがうまく伝わるように、応援してますね」と伝えることができます。学習面で悩んでいる子どもには、「勉強がうまくはかどるように、応援しているよ」と伝えることができます。

子どもの成長のためには、その子ども自身が、直面する課題に取り組んでいくことが求められます。「頑張ってね」と促すよりも、「応援しているよ」という、その子どもの取り組みをサポートする声かけがおすすめです。

こらむ 7

パーソナリティ変化が起こるための条件

カウンセリングの基本として、しばしば言及されるのは、ロジャーズの提唱した来談者中心療法です。その中では、カウンセラーの基本的態度として、受容、共感、自己一致が重要であると言われています。これは、ロジャーズの三条件としてよく知られていますが、そのほかにも条件があることはあまり知られていません。「建設的なパーソナリティ変化が起こるための普遍的条件」として六つ述べられています (Kirschenbaum & Henderson, 1989)。

①二人の人が心理的な接触を持っていること。
②第一の人（クライアント）は不一致の状態にあり、傷つきやすく、不安な状態にあること。
③第二の人（セラピスト）は、その関係の中で一致しており、統合していること。
④セラピストは、クライアントに対して肯定的関心を経験していること。
⑤セラピストはクライアントの内的参照フレームを共感的に理解しており、この経験をクライアントに伝えようと努めていること。
⑥セラピストの共感的理解と無条件の肯定的関心が、最低限クライアントに伝わっていること。

これらの条件のいくつかは、学校では意外と成立しにくいように感じます。例えば、廊下や教室でスクールカウンセラーとして子どもとかかわる際には、①の条件の成立がそもそも難しいと言えます。また、相談室で子どもの相談に乗る場合でも、先生に言われるなどして不本意で来談した子どもがほとんどです。こちらとのかかわりに警戒心を持っていたり、かかわりを拒否していたりすることも多いように思います。やはり①の条件が成立していません。子どもとの心理的接触が生じていないのに働きかけたとしても、その働きかけは子どもに良い影響を与えることはできません。まずは、心理的な接触が持てるように、そしてそれを保てるようにすることが重要になります。本書で紹介したさまざまな工夫は、心理的接触を保っていくための工夫としてとらえられるものが数多くあります。例えば、第２章「小さな工夫13：廊下での小さな働きかけを通して相互作用をつくっていく」や第３章「小さな工夫18：強い働きかけでなく、小さな働きかけで相互作用をつくっていく」で、そういった工夫の例を紹介しています。

また、⑥の条件も、学校現場では簡単ではありません。学校では、子どもの足りないところや間違っているところを発見し、教え導いていく部分が大きく、相談室に来る子どもたちも、すでに注意されたり叱られたりしていることが多いからです。しかし、子どもが学校へ通ってそこで生活し学んでいるそのこと自体が、本来、非常に肯定的なことです。第４章の「小さな工夫35：常に肯定的に働きかける」のように、相互作用のある関係の中で肯定的な働きかけを続けていくことは、この⑥の条件を実現するための工夫という意味もあります。

エピローグ

子どもを支援する大人として大切にしたいこと

ここまで、子どもを支援するときのさまざまな工夫を紹介してきました。それらの工夫は一つ一つがバラバラなものに見えるかもしれません。しかし、すべての工夫は、「子どもが育つ」ということを学校の中で支えていくことにつながっていると感じています。ここでは「小さな工夫」を通して目指していることを解説します。

小さな工夫48 子どものそばに行く

子どもの心理的なサポートのためには、大人は子どものそばにいることが重要です。子どもは、身近な大人とのかかわりの中で身体からの安心感・安全感を体験し、それを基盤として成長していきます。安心感・安全感というものは、基本的に身体的なものなのです（大河原、二〇〇四）。乳幼児は文字通り大人に体ごと抱かれ、心もサポートされます。少しずつ成長するにつれて、身体的な接触は必ずしも必要ではなくなりますが、大人の存在やかかわりを身近に感じることによって、安心・安全を感じるのです。つまり、子どもをサポートするには、「子どものそばに行く」ことが非常に大切なのです。

スクールカウンセラーのカウンセリングは、通常は相談室内で行われます。何らかの悩みや問題に直面した子どもが、それを言葉で訴えてカウンセリングが行われます。子どもがわざわざスクールカウンセラーの活動の場までやってきて、支援を受けています。大人が「子どものそばに行く」ということと正反対の状況になります。

相談室のドアのすぐ外は学校生活の日常の場です。子どもの生活の場なのです。スクールカウンセラーは、相談室で子どもが訪れるのを待つだけではなく、日常生活の場で子どもにかかわり、子どもをサポートするために「子どものそばに行く」ことが求められていると思うのです。

学校の先生方は、日常的に子どもたちのすぐそばで教育活動をしています。きっと、授業中だけではなく、休み時間にも子どもたちのそばでかかわり合いを持つようにしている方も多いと思います。

ただ、学校は時間的・空間的に大きな広がりを持っていますし、子どもを集団あるいは集団の一員として指導・支援を行うことが大半です。例えば、授業で課題について解説を行っているときなど、同じ空間で活動していますが、必ずしも「その子どものそばにいる」とは言えないこともあります。

つまり、物理的に子どものそばまで行ったとしても、心理的に子どものそばまで行くことができているとは限らないのです。

また、大人の都合に基づいて、子どもを動かそうとする働きかけは、子どもの心のそばまで行ったことにはなりません。子どもの心の動きを感じ取り、つかず離れずの距離を保つことが求められます。そして、大人主導ではなく、子どもの動きに合わせて働きかけたり、子どもの動きを引き出すように働きかけたりすることで初めて、子どものそばに行ったことになるのです。

例えば、第3章「面接序盤編」の「小さな工夫18：強い働きかけでなく、小さな働きかけで相互作用をつくっていく」で述べたことは、その工夫の一つです。また、第4章の1「面接中盤〈理解編〉」の「小さな工夫21：本当にイヤなものを理解する」で紹介した工夫も、離れた場所から子どもを理解するのではなく、子どものそばまで行って子どもを理解しようとすることだと思います。

また、そもそも物理的に子どものそばまで行けないときであっても、心理的に子どものそばまで行くことを考えなければなりません。それは、簡単なことではありませんが、不可能なことでもありません。その一つの方法が、第4章の1「面接中盤〈理解編〉」の「小さな工夫28：つながりをつくる」という工夫です。また、第4章の2「面接中盤〈かかわり編〉」の「小さな工夫34：思い出すきっかけをつくる」で述べた工夫もその一つです。心の中につながりが持てることを通して、心理的にそばに行くことができるのだと思います。

小さな工夫49

子どもの自由をサポートする

「子どもの自由」という言葉は、多様な解釈ができます。ここでは、「学校へ行くか行かないかは子どもの自由だ」というような意味で「自由」と言っているのではありません。子どもと子どもを支援する大人との関係の中での、「子どもの自由」という意味です。前者の一般的な自由は、現実的・社会的な範囲まで含んでいますが、ここでは、支援する関係の中で子どもが自分の思うように反応し、発言し、行動し、振る舞えるという「自由」について考えています。

例えば「学校へ行くか行かないかは子どもの自由だ」と考えて、現実に「不登校」を選択すると、それにまつわるさまざまな課題や問題が子どもに降りかかってきます。つまり、現実的な側面では、「自由」は子どもに大きな負担を強いる可能性があります。一方、支援する関係の中で「学校へ行きたくない」と発言することは、現実的な課題や問題とは離れてとらえられるものだと感じます。支援する関係の中では、その発言や行動や振る舞いを、現実と結びつけるのではなく、そう発言し、行動し、振る舞えることを保障することが大切なのです。その自由があるからこそ、子どもは自分自身を表現し、内面を語るのです。

支援する関係の中で子どもの自由をサポートするためには、子どもが自由に反応することを保障することが重要です。

小さなかかわりを工夫し、子どもの反応を待つのも一つの方法です（第3章の「小さな工夫20：間を取りつつ子どもの反応を待つ」参照）。また、小さな動作から無意識的な反応を引き出し、それを基盤として相互作用を広げていくような工夫も一つの方法です（第3章の「小さな工夫18：強い働きかけでなく、小さな働きかけで相互作用をつくっていく」参照）。さらには、言葉で自由に反応することを保障するようなかかわりも重要な工夫の一つです（第4章の1の「小さな工夫29：『知らない』ということを強調する」参照）。

小さな工夫50

子どもを変えようとしない

子どもの相談に乗っていると、「こんなふうにしたらよいのではないか」などと、自分なりに思うことがいろいろとあると思います。しかし実際は、大人の思うとおりに物事が進んでいくことはほとんどありません。大人の想像を超えて、子どもたちは変化し成長していきます。子どもを変えようとするまでもないのです。

子どものそばにいて、相互作用のある関係を保っていれば、子どもは自然に成長していくのです。つまり、変えようとすることが必要なのではなく、かかわり続けることが大切なのです。

そもそも、子どもを変えようとすることは、今の子どもを否定することにつながります。もちろん、今のままですべてがＯＫとは言えない場合がほとんどです。しかし、今の子どもの行動は、子どもが直面している状況に対する子どもの反応やそれへの子どもの対処が入り混じったものです。いわば、子どもの苦心と苦労が入り混じったものなのです。そういう視点からも、子どもの現状を否定することはできません。やはり、子どもを変えようとしないことが重要だと思うのです。

また、子どもを変えようとすると、アドバイスをしたくなります。「変えようとしない」というこちらの姿勢を保つためには、アドバイスをしないことも大切です。そして、前述のように、子どもが自由に反応し、行動し、振る舞えることが重要なのです。その点から考えても、アドバイスは逆効果の面があります。本書では、可能な限りアドバイスを避けるような工夫を紹介しました（第4章の3「面接中盤〈アドバイス編〉」参照）。アドバイスを避けつつ、子どもとの相互作用を保っていくことをおすすめします。

繰り返しになりますが、子どもを変えようとする必要はありません。子どもは支援する側との相互作用のある関係の中で自然に育っていきます。子どものそばにいて、子どもの自由をサポートするようにかかわり続けることが重要なのです。

こらむ 8

再び『となりのトトロ』から考える子どものサポート

「こらむ１」でも題材にしたアニメーション映画『となりのトトロ』の物語で、子どものサポートについて、考えてみます。

主人公のサツキやメイは、実は危機に直面しています。母親が死んでしまうかもしれないという不安の中で、知らない土地に引っ越してくるという心の危機に直面しています。しかも、父親のサポートも不十分です。

例えば、メイが初めてトトロに出会ったのは、父親がメイのことを忘れて昼食も与えず夕方になったときでした。また、母親の死の不安に直面したメイが勝手に病院へ向かったのも、大人に不安な気持ちをサポートしてもらっていないことが背景になっています。これらは、実は命の危険のあることです。

サツキは、毎日の生活を大人の代わりに切り盛りしています。子どもたちだけで父親をバス停まで迎えに行き、真っ暗になっても待ち続けています。大人からサポートされるのではなく、大人をサポートし続けています。こんなふうに、十分にサポートされていない家庭の中で、子どもたちは過ごしていたのです。子どもたちが持っている明るさや、生き抜く力は

図6　『となりのトトロ』の中の三重のサポート

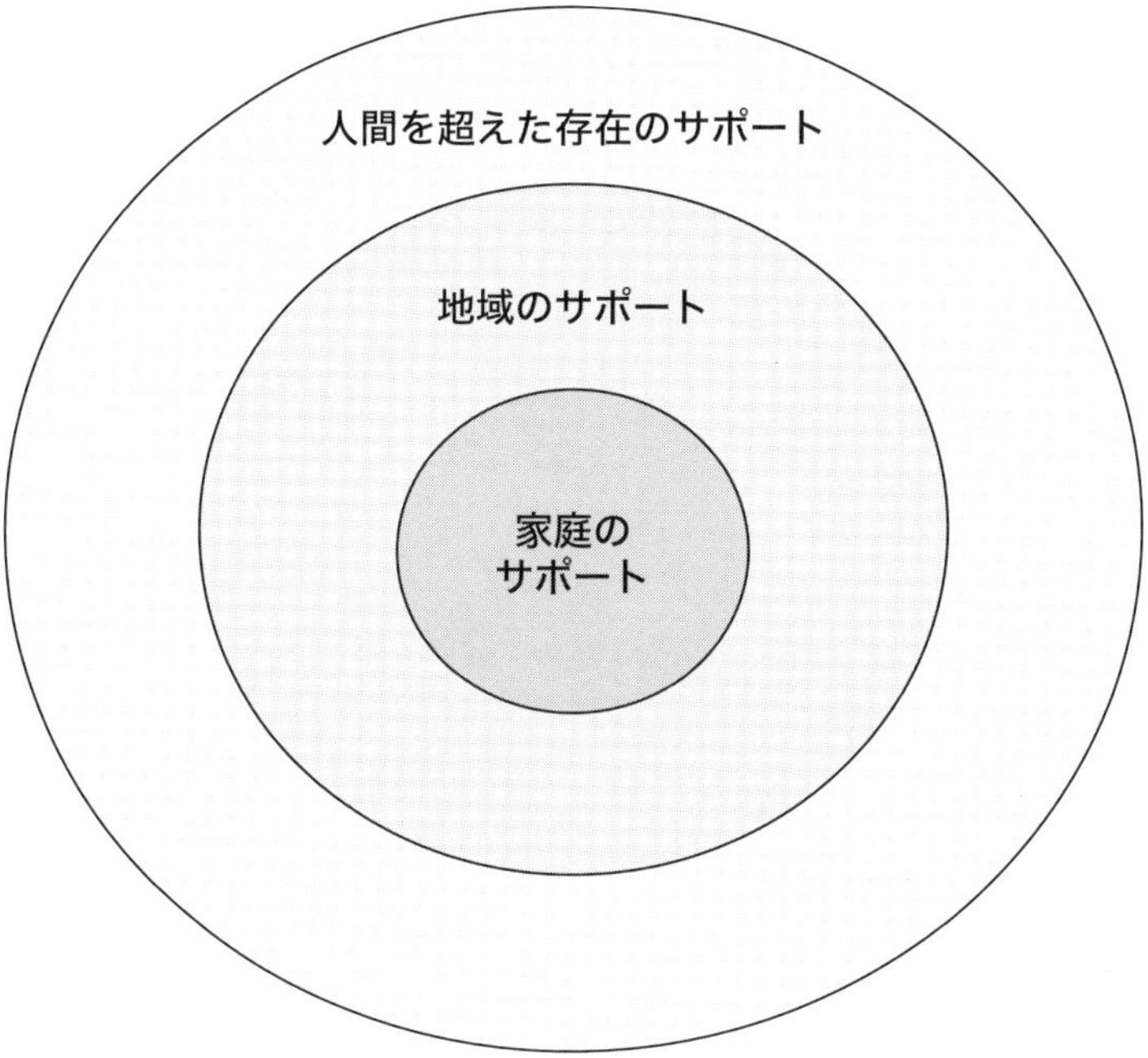

素晴らしいのですが、大人のサポートが十分に届いていないことに目を向ける必要があると感じます。

『となりのトトロ』の世界では、家庭のサポートが十分でなかったとしても、物語はハッピーエンドに向かっていきます。それは、「家庭のサポート」の外側に「地域のサポート」、さらに外側には（トトロなどの）「人間を超えた存在のサポート」があるからです。『となりのトトロ』の世界では、「家庭のサポート」が十分ではなくても、あるいは、「家庭のサポート」が十分ではないからこそ、子どもたちはのびのびと力を発揮して、幸せに育っていけるのです。

現実の現代社会はどうでしょうか？　「家庭のサポート」の外側には、「地域のサポート」はあるでしょうか？　「地域のサポート」が届かなかった子どもたちをさらにその外側でサポートしてくれる存在はあるのでしょうか？

残念ながら、「家庭のサポート」のすぐ外側には、「人間の悪意」が潜む状況も多々あります。現実の現代社会の中で生きているサツキやメイたちに、サポートを届けなくてはならないのだと思います。

文献

青木健次（一九八六）「バウムテスト」『臨床描画研究Ⅰ　描画テストの読み方』金剛出版
半田一郎（二〇一七）『一瞬で良い変化を起こす　10秒・30秒・3分カウンセリング―すべての教師とスクールカウンセラーのために』ほんの森出版
橋本秀美（二〇〇九）『スクールカウンセリングに活かす描画法―絵にみる子どもの心』高橋依子監修、金子書房
東山紘久（一九八二）『遊戯療法の世界―子どもの内的世界を読む』創元社
石隈利紀（一九九九）『学校心理学―教師・スクールカウンセラー・保護者のチームによる心理教育的援助サービス』誠信書房
Kirschenbaum, H. & Henderson, V. L., eds.（1989）*The Carl Rogers Reader.* Houghton Mifflin Harcourt（伊東博・村上正治監訳『ロジャーズ選集〈上〉―カウンセラーなら一度は読んでおきたい厳選33論文』誠信書房、二〇〇一年）
森俊夫・黒沢幸子（二〇〇二）『〈森・黒沢のワークショップで学ぶ〉解決志向ブリーフセラピー』ほんの森出版
小野純平（二〇一二）「心理教育的アセスメントの方法」学校心理士資格認定委員会編『学校心理学ガイドブック第3版』風間書房
大河原美以（二〇〇四）『怒りをコントロールできない子の理解と援助―教師と親のかかわり』金子書房
大河原美以（二〇一五）『子どもの感情コントロールと心理臨床』日本評論社
若島孔文（二〇一一）『ブリーフセラピー講義―太陽の法則が照らすクライアントの「輝く側面」』金剛出版

あとがき

私は、一九九五年から二〇年以上、スクールカウンセラーとして活動してきました。そして縁あって、二〇一八年から個人開業して、同じ臨床心理士である妻と一緒にカウンセリングルームを運営しております。そういった二〇年以上の経験の中で、妻とは、子どもへの支援について日々さまざまなテーマを話し合ってきました。その話し合ってきたプロセスが、この本のさまざまな工夫として形になったのだと感じています。また、二人の子どもたちに、子どもの立場からの意見を聞き、自分の実践を考えることが何度もありました。本書の背景には私の家族のサポートがありました。この場をお借りして、妻と二人の子どもたちに感謝を伝えたいと思います。

また、大学院で一緒に学んだ大河原美以先生には、引用させていただいた図を画像ファイルでいただきました。学校現場で子どもの見立てを考えるときには非常に役立つとらえ方なのですが、図を自力で再現することが難しかったため、ファイルでいただき本当に助かりました。この場をお借りして感謝申し上げます。

学校現場で多くの先生方と子どもの支援について話し合ってきたことも、本書に書かれている工夫の源となっています。先生方は、私に問いかけ、私に学びの機会を与えてくださったと感じております。かかわりのあった多くの先生方に感謝申し上げます。

学校という場は、多くの大人と子どもがかかわり合う本当に価値ある場だと思います。私たちの未来を生み出している場です。その場で、子どもたちを支えていくために、本書の小さな工夫が少しでも役に立つものであることを願っております。

話は変わりますが、小学生の頃に故郷のデパートの書店で、母に『知らないとそん500』（間羊太郎著、講談社、一九七三年）という本を買ってもらいました。髪の毛についたガムを取るのにコールドクリームが役に立つとか、小さな釘を打つときには割り箸の先で挟むと指を傷めないなどといった、生活の知恵が五〇〇個も紹介されていた本でした。すごく面白くて何度も何度も読みました。今は手元になくなってしまったのが残念です。

本書では、その本のちょうど一〇分の一の五〇の小さな工夫を集めることができました。「昔買ってもらった本に似ている本を書いたよ」と、亡き母に報告したいような気がします。本書も、皆さんが何度も読み返してくださるような本になりますように。

最後となりましたが、執筆の機会を与えてくださった、ほんの森出版の小林敏史氏には、深く感謝申し上げます。

二〇一九年三月

半田　一郎

〈著者紹介〉
半田 一郎（はんだ いちろう）
子育てカウンセリング・リソースポート代表
茨城県公立学校スクールカウンセラー
学校心理士スーパーバイザー　臨床心理士　公認心理師

1969年、高知県生まれ。1995年より現在までスクールカウンセラーとして62校の小中高校で活動してきました。
学校現場では、自分という存在は本当に小さな存在だと感じます。そんな自分が、子どもたちや保護者の皆さんや先生方の役に立つ活動をしていくためには、日々「小さな工夫」を重ねていくことが大切だと感じています。

【おもな著書】
『一瞬で良い変化を起こす　10秒・30秒・３分カウンセリング―すべての教師とスクールカウンセラーのために』ほんの森出版、2017年
『チーム学校での効果的な援助―学校心理学の最前線』ナカニシヤ出版、2018年（分担執筆）
『スクールカウンセラーと教師のための「チーム学校」入門』日本評論社、2020年（編著）
『子どものSOSの聴き方・受け止め方』金子書房、2023年

一瞬で良い変化を起こす
カウンセリングの“小さな工夫”ベスト50
すべての教師とスクールカウンセラーのために

2019年７月10日　初　版　発行
2023年５月20日　第２版　発行

著　者　半田一郎
発行人　小林敏史
発行所　ほんの森出版株式会社
〒145-0062　東京都大田区北千束3-16-11
TEL 03-5754-3346　FAX 03-5918-8146
https：//www.honnomori.co.jp

印刷・製本所　研友社印刷株式会社

ISBN978-4-86614-113-8　C3011